INHALT

Entdecken Sie Leipzig!

Die Stadt lebt einen charmanten Kulturcrash zwischen Aufschwung und Verfall

Leipzig – das klingt nach Thomanern, Bach und Gewandhausorchester. Oder nach Goethe, Schiller und Brockhaus. Oder eher nach Buch-, Automobil- und Computermesse? Vielleicht duftet es auch einfach nach Kaffee, schmeckt süß nach Leipziger Lerche und spottet am Ende jeder Beschreibung. Auf gut säggs'sch, versteht sich ... Denn die Leipzscher haben ein loses Mundwerk, ob sie mit »Wir sind das Volk« die deutsche Einheit herbeidemonstrieren oder den gigantischen Hauptbahnhof mit seinen glitzernden Ladenzeilen unter dem Querbahnsteig zum »Einkaufsparadies mit Gleisanschluss« herunterreden. Kein Wunder, dass die Kabaretts der Stadt nahezu so berühmt wie die Messe geworden sind. Die Lachmesse als alljährliches Satirefestival ist da nur die logische Konsequenz. Wenn Sie also Lust auf einen unterhaltsamen Disput haben, fragen Sie die Leipziger mal, ob ihre Heimat nun eher Musik- oder Kulturstadt, Messe- oder Medienstadt ist. Um es vorwegzusagen: Diese quirlige Stadt in der Leipziger Tieflandbucht, mit knapp 500 000 Einwohnern plus einer halben Million Übernachtungsgästen jährlich, samt Oper und Orchester von Weltruf sowie einem der modernsten Messegelände des Kontinents, ist natürlich das alles. Und noch mehr, denn rund 28 000 Studenten an der Universität und sechs weiteren Hochschulen – für Grafik und Buchkunst, Theater und Musik sowie der ersten privaten Wirtschaftshochschule Deutschlands – sorgen für lockere Lebensart und kreative Impulse.

Sie werden es erleben: In Leipzig bewegt sich was, dauernd. Das fängt bei den Baukränen an und hört bei den Skatern in der Fußgängerzone noch lange nicht auf. Die Bummel- und Einkaufslust füllt endlich auch die Innenstadt mit Leben, nicht nur die perfekten Shoppingmalls außerhalb. Im Sommer kommen die Leipziger zwischen all den Festen kaum zum Luftholen. Die Theater ziehen zu dieser Zeit nach draußen, und bis spät in die

Stolze Bürgerburg: Der Turm des Neuen Rathauses ist 115 Meter hoch

Nacht ist auf der Kneipenmeile Drallewatsch vor Menschen die Straße nicht mehr zu sehen. Im Herbst strömen Einheimische und Gäste zu den Kulturfestivals, füllen prall die Theater- und Kinosäle. Und im Winter stellt sich Leipzig auf die Kufen: Ob erlaubt oder nicht, an klirrend kalten Tagen drehen Jung und Alt ihre Runden auf den zugefrorenen Teichen in den vielen Grünanlagen der Stadt.

Wer zum ersten Mal nach Leipzig kommt, wird staunen, wie grün der einstige DDR-Industriestandort ist. Zwar gibt es keine exotischen Stadtgärten mehr, wie der Kaufherr und Manufakturbesitzer Dietrich Apel sie im 18. Jahrhundert schuf (das Restaurant Apels Garten in der Kolonnadenstraße erinnert daran). Dafür zieht sich von Schkeuditz im Norden bis nach Markkleeberg im Süden 25 Kilometer Auenwald mitten durch die Großstadt. Vom Autolärm am Ring bis in die ursprüngliche Wildheit dieses größten zusammenhängenden Auenwalds Mitteleuropas ist es nur ein Katzensprung.

In der City des knapp 300 Quadratkilometer großen Stadtgebietes ist alles, was man sehen und erleben will, auf etwa einem Dreiviertel Quadratkilometer versammelt. Gleich beim ersten Bummel entfaltet Leipzig dadurch einen Charme, dem schon Theodor Fontane 1840 nicht widerstehen konnte: Einen »berauschenden Eindruck« machte die Stadt auf den Dichter, als er zu seinem Ausbildungsort ging: der Adler-Apotheke in der Hainstraße. In der Enge verdichten sich die Gegensätze. Leipzig, das ist auf Schritt und Tritt ein durchaus charmanter Kulturcrash. Wer es lieben lernen will, wird sich seine Übergänge und Zwischenräume erobern. Die gibt es ganz wörtlich in den vielen Leipziger Passagen. Der Crash ist an jeder Ecke zu sehen. Zwischen den hässlichen Plattenbauten am

Der agra-Park in Markkleeberg – ein grünes Idyll am Rand der Großstadt

Brühl und – gleich gegenüber – dem barocken Romanushaus an der Ecke zur Katharinenstraße, zwischen Baustellenlärm und pittoresken Kaffeehäusern, bei einer Ruckelfahrt in der Tatra-Bimmel und dem Dahingleiten im Niederflurwagen.

Leipzig hier und jetzt lebt von den nahtlosen oder geklitterten Übergängen zwischen Alt und Neu und glänzt an den Kanten von Aufschwung und Verfall. Mit Schubladendenken ist der mitteldeutschen Metropole nicht beizukommen. Das Etikett Buchstadt ist mangels Verlagen ebenso angegilbt wie das der Boomtown angesichts horrenden Büroleerstands. Die Arbeitslosenrate drückt die Stimmung: Jeder Sechste sucht einen Job. Schließlich hat die Stadt mit der Wende eine schwere Hypothek aufgenommen. Ganze Industriezweige wie der Maschinenbau und die Textilindustrie brachen auf einen Schlag weg. Die Misere versuchten engagierte Menschen mit einer Konsenspolitik über die Parteigrenzen hinweg abzufedern. Heute gilt als Leipziger Modell, was der damalige Oberbürgermeister Hinrich Lehmann-Grube (SPD) praktizierte: Entscheidungen wurden vor allem sachlich gefällt, nicht ideologisch. Profil zeigen ist für die Parteien unter diesen Bedingungen ein Problem, in der Folge liegen PDS und SPD fast gleich auf in der Gunst der Leipziger Wähler, die Konservativen haben mittlerweile im Rat die Nase vorn. Die Streitlust wächst.

In einem sind sich alle einig: Entschieden macht sich die Stadt auf den Weg ins 21. Jahrhundert. Auf den Industriebrachen entsteht Raum für innovative Jungunternehmen wie etwa in den Gewerbehöfen in Plagwitz. Der ehemalige Arbeiterstadtteil mit der einst höchsten Arbeitslosenquote wandelt sich zum Vorzeigeviertel. Attraktive Wohnungen an der Elster, Radwege am Kanal und begrünte stillgelegte Eisenbahntrassen gehören zum neuen Bild. Die Registrierung als Expo-2000-Vorhaben bringt weitere Investitionen nach Plagwitz. Die Wissenschaft setzte schon früher mit Uni-Klinik, Sucht- und Herzzentrum Meilensteine. Und in riesigen Kraftakten gestalten Landschaftsplaner die ehemalige Tagebaumondlandschaft im Süden der Stadt zu einem gigantischen Freizeitareal um. Statt Förderbrücken wird es Badeseen, Wassersportmöglichkeiten, Restaurants und Wanderwege geben.

Der Wille zur Wandlung schafft überall Kontraste, die das Auge immer aufs Neue beeindrucken. Ob im exklusiven Waldstraßenviertel, wo moderne Glaspaläste neben wunderbar restaurierten Jugendstilbauten stehen, oder in der Plattenbausiedlung Grünau. 75 000 Leipziger wohnen dort, wo Vielgeschosser die schöne neue Welt realsozialistischen Komfortbaus demonstrieren. Zugleich wird nebenan das Naherholungsgebiet Kulkwitzer See neu belebt. Und im Schatten der Platten entsteht auf dem Gelände der ehemaligen Russenkasernen eine Eigenheimsiedlung.

Die meisten alten Fassaden glänzen wieder, trotzdem sind noch 4000 Gründerzeithäuser vom endgültigen Verfall bedroht. Leipzig verdankt die Rettung

Neue Ufer: Bootspartie wie in den 20ern

Immer auf dem Sprung zu neuen Ufern, erinnert sich Leipzig auch daran, eine Stadt am Wasser zu sein. Auf 736 Metern schimmert die freigelegte Pleiße – in den 50er-Jahren als Kloake zubetoniert – bereits zwischen den Häuserzeilen der Innenstadt. Ziel ist es, das fast vier Kilometer lange Gewässer zwischen Südstadt und Zoo bis zum Jahr 2005 wieder völlig ans Licht zu holen. Eine Lieblingsvision der Leipziger Planer: Ein Wasserstraßennetz von Pleiße, Elster und Karl-Heine-Kanal, das die Stadt mit dem neuen, 4,2 Quadratkilometer großen Tagebau-See Cospuden im Süden der Stadt verbindet. Bötchen fahren wie in den 20ern, als die sächsische Mundartdichterin Lene Voigt schrieb: »Schaukle, meen Kahn uff dr Bleiße, schaukle un kippe nisch um!«

manch architektonischen Juwels der Altstadt einem Nachwende-Scharlatan. Der Frankfurter Immobilienspekulant Dr. Jürgen Schneider kam als Glücksritter in den Osten, bezirzte Banken und Betriebe, förderte in großer Mäzenatengeste junge Künstler – bis 1994 die hochgestapelten Pläne Doc Schneiders zusammenfielen. 800 Arbeitsplätze standen in der Region auf der Kippe. Leipzig blieben 23 Millionen Mark unbeglichener Rechnungen und teils unfertige Renommierobjekte wie die Mädlerpassage samt Auerbachs Keller, das Zuckerstück Romanushaus in der Katharinenstraße oder Barthels Hof. Zu spät, um solche Filetstücke wieder dem Zahn der Zeit zu überlassen, befanden schamhaft die Banken, und sahen sich auch bei den geprellten Handwerkern in der Pflicht. Die Häuser wurden fertig gestellt, und das tapfere Schneiderlein gehört schon jetzt in die reich gefüllte Kuriositätenkiste der Stadtgeschichte.

Die öffnete sich spätestens zwischen 1160 und 1165. Um diese Zeit muss der Wettiner Markgraf Otto von Meißen dem Marktflecken Leipzig das Stadtrecht verliehen haben. Das genaue Gründungsjahr ist bis heute nicht aus den Falten des Mantels der Geschichte zu schütteln – obwohl es einen Stadtbrief gibt. Den brachte die findige Bürgerschaft Leipzigs allerdings selbst zu Pergament und machte so nach dem Tod des Markgrafen die Stadtgründung samt Marktprivileg ein für alle Mal rechtsgültig. Der »Gründungsstreit« gewann zu DDR-Zeiten noch einmal politische Brisanz. 1958 sprach die SED-Stadtleitung ein Machtwort, legte das Geburtsjahr Leipzigs auf 1165 fest und verschaffte sich so ein bisschen Luft zur Vorbereitung der 800-Jahr-Feier.

Der Name Leipzig ist noch viel älter. Er geht auf die Sorben zurück, die im 7. Jahrhundert am Zusammenfluss von Elster und Parthe siedelten. Dort fanden sie ihren heiligen Baum, die Linde, und schnell war Lipsk, der Ort bei den Linden, ein Begriff. Bald erwirtschafteten sich die Leipziger als clevere Kaufleute ihren

Platz in der Geschichte. Im Schutz der deutschen Burg Libzi entfalteten Kaufleute und Handwerker vom 10. bis ins 12. Jahrhundert ein reges Treiben. Welch schönes Quäntchen Glück, dass dort die Via Regia, Hauptschlagader des Ost-West-Handels, vorbeiführte und bald die Nord-Süd-Tangente Via Imperii kreuzte. Da fehlte nur noch wenig, um Leipzig zum Nabel der Handelswelt zu machen. 1497 war es so weit: Kaiser Maximilian verlieh der Stadt das Messeprivileg, fortan brachten die Reisenden unter königlichem Schutz Wohlstand und Weltoffenheit in die Stadt. Von den mittelalterlichen Messmärkten in Holzbuden und Gewölben führt ein wechselhafter Weg durch Kriege, Völkerschlacht, Aufschwung und Wendezeiten zum Bau eines der modernsten Messezentren Europas. Kaum etwas anderes hat das Selbstwertgefühl der Leipziger und das Erscheinungsbild der weltläufigen, übergangsfreudigen Stadt so geprägt wie die Messe.

Seit dem 16. Jahrhundert war Leipzig ein bedeutendes Buchhandelszentrum – und bis in diese Zeit reicht auch die Konkurrenz mit Frankfurt am Main zurück. Ende des 18. Jahrhunderts hatte Leipzig die »große Schwester« abgehängt: in 13 Buchdruckereien arbeiteten die Pressen auf Hochtouren, 28 Verlagsbuchhandlungen boten ihre Ware feil. 1825 wurde der Börsenverein der Deutschen Buchhändler zu Leipzig gegründet; der technische Fortschritt griff Raum, und so entstand in der östlichen Vorstadt das berühmte Graphische Viertel – es fiel 1943 in einer Bombennacht in Schutt und Asche. Heute glänzen in der Breitkopf- und Reclam-, Brockhaus-, Insel- und Göschenstraße wieder Industriepaläste in Glas und Klinker. Aber das Ganze wirkt so steril wie ein unbeschriebenes Blatt. Da nützt es gar nichts, dass Brockhaus und

Glänzend, teuer und beliebt: die Mädlerpassage nach italienischem Vorbild

Reclam Leipzig sich an repräsentativen Orten Verlagsdependancen leisten. Die Verlegerseelen sind aus den Seiten geflattert, und die alten Techniken sind nur noch in den Plagwitzer Werkstätten und im Museum für Druckkunst zu sehen.

Echter Lichtblick im Graphischen Viertel ist das Haus des Buches (Gerichtsweg/Ecke Prager Straße). Der Nachwendebau steht an der Stelle des alten Buchhändlerhauses, und das Kuratorium bietet literarischen Vereinen gute Arbeitsbedingungen zu günstigen Konditionen. Wer außerhalb der Buchmesse Lust auf eine Lesung hat, kann hier literarische Highlights erleben und Debütanten entdecken oder – wichtig vor dem Weg zurück in die Stadt – im Bistro ausspannen.

Apropos Buchmesse: Die Sachsen hören es ja nicht gern, aber da hat Frankfurt seit der Wende wieder die Nase vorn. Auf Leipzig gab es jährlich Ab- und Grabgesänge, aber so leicht

Schriftkunst im Buchdruckerviertel

lässt sich kein Leipziger die Butter von der Bemme nehmen. Hessen lächelte noch über die »stabile Luftblase«, da trumpfte Leipzig schon mit dem »größten Lesefest der Welt« auf. Wenn Grass und Loest und Christa Wolf hier neue Seiten aufschlagen, stört es für ein paar Tage niemanden, dass die Messe trotz ihrer rund 90 Millionen Mark Umsatz immer noch rote Zahlen schreibt.

Die Neue Messe im Norden der Stadt mit ihrer halbrunden Tunnelröhre aus Glas und Stahl passt in die spannende Stadt der Gegensätze. Volkwin Margs Konstruktion ist gigantisch und filigran, von poetischer Weite und kalkulierter Zweckmäßigkeit. 24 internationale Künstlerinnen und Künstler schufen Arbeiten wie Lichtinstallationen und Skulpturen eigens für die Messe. In einer Rekordbauzeit von drei Jahren stampften Zigtausende Arbeiter die Neue Messe aus dem Boden; ein 1,3-Milliarden-Projekt, das Seinesgleichen sucht. Etwa 30 Messen locken jährlich Fach- und Laienpublikum. Internationale Stars von Rod Stewart bis Depeche Mode geben ihre Konzerte allerdings lieber in der kleineren, irgendwie eingespielten und gut zu füllenden Halle 7 auf der Alten Messe. Dabei bereitet dieses 55 Hektar große Areal am Fuß des Völkerschlachtdenkmals den Stadtvätern reichlich Bauchschmerzen. Sie möchten es in einen neuen Stadtteil verwandeln, unter heftiger Investorenbeteiligung, versteht sich. Stattdessen gibt es bisher Lösungen auf Zeit. So kann man in den ehemaligen Großmarkthallen (Leipziger reden nur vom Kohlrabizirkus) im Winter Schlittschuh laufen. In der ehemaligen Carl-Zeiss-Jena-Messehalle waren schon unzählige Fernsehzuschauer »zu Gast« – allerdings ohne es zu merken. Hier baute nämlich die Saxonia Media 1999 das größte Fernsehatelier in den neuen Bundesländern. Gedreht wurde hier die MDR-Serie »In aller Freundschaft«.

Der Mitteldeutsche Rundfunk hat Leipzig einen kräftigen Ruck Richtung Medienstadt gegeben. Zuerst übernahm die Dreiländeranstalt für Sachsen, Sachsen-Anhalt und Thüringen die gelben Backsteinbauten des früheren Schlachthofgeländes – einer der bedeutenden Hugo-Licht-Bauten von 1886/88 – an der Kantstraße und sanierte das denkmalgeschützte Ensemble. Dann zog der MDR den Bau für das Fernsehzentrum hoch, sinnfällig in der Form eines überdimensionalen Bildschirms. Eine 450-Millionen-Mark-Mattscheibe »strahlt« nun über der Stadt. Nur eines von zahlreichen Großprojekten.

Auf dem Weg in die Zukunft verändert Leipzig sein Innenstadtgesicht: Am Sachsenplatz entsteht bis zum Jahr 2002 für 120 Millionen Mark das neue Museum der bildenden Künste als gläserner Kubus. Zwischen Petersstraße und Neuem Rathaus entstehen hinter futuristischer Glas- und Steinfassade der Petersbogen und die Juridicum-Passagen. Mit dem 250-Millionen-Mark-Vorhaben wird eine der größten City-Baulücken der Nachkriegszeit geschlossen. Ab dem Frühjahr 2001 beleben Geschäfte, Multiplexkino und Hotel den Burgplatz. Kleines Glück am Rande: Bei den Vorarbeiten fanden Archäologen einen Goldschatz. Die Münzen, heute rund 60 000 Mark wert, lagen offenbar in der Latrine des ehemaligen Juridicums versteckt. Wer in Leipzig Steine umdreht, muss sich eben nicht wundern, Geschichten zu finden. Sie sind hinter dem Glas und Geld des neuen Leipzig noch immer aufzuspüren: Lessings »ganze Welt im Kleinen« und Goethes viel zitiertes »Klein-Paris«. Wer das sucht, begibt sich am besten freiwillig unter die Fuchtel von Johann Wolfgang, der hoch erhobenen Hauptes vom Sockel das neuzeitliche Treiben auf dem Naschmarkt verfolgt.

Auf dem Freisitz, den Straßencafés und -Restaurants zwischen Altem Rathaus und Messehof (in dem das Museum der bildenden Künste vorübergehend logiert), nicht weit von Gewandhaus und Oper, einen Steinwurf vom berühmten Auerbachs Keller, liegt eine der magischen Schnittmengen dieser Stadt. Touristen, Einheimische, Zugezogene, Studenten, Banker, Familien mit Kindern und Künstler lassen sich hier gleichermaßen gerne bei einem Kaffee oder kühlen Bier nieder. Der Platz ist zwischen all den Häusern »huschelig« und in jedem Fall ideal, um die Rastlosen hetzen und die Flaneure ziehen zu sehen: Geht da nicht der berühmte Maler und Bildhauer Wolfgang Mattheuer, war das nicht Exgewandhauskapellmeister Kurt Masur, auf Stippvisite in heimatlichen Gefilden? Nichts ist unmöglich, denn Sie sitzen im Auge des Hurrikans, buchstäblich im Herzen der Stadt innerhalb des Rings: Zur Thomaskir-

Leipzig lebt Café-Kultur, am liebsten draußen in der Sonne

che, Bach lässt grüßen, sind es gut 300 Meter, bis zur Nikolaikirche, Ausgangsort der friedlichen Revolution 1989, nur ein paar Schritte weniger. Der Hauptbahnhof liegt etwa 650 Meter nordöstlich, südwestlich erhebt sich der weithin sichtbare Turm des Neuen Rathauses. Wer sich entspannt zurücklehnt und ein bisschen in den Himmel blinzelt, kann südöstlich des Naschmarkts auch die zweite, neuzeitliche Landmarke der Leipzig-Skyline entdecken: das ehemalige Uni-Hochhaus, von den schlagfertigen Leipzigern Weisheitszahn getauft. Und wer jetzt die Nase in den Wind hält, müsste eigentlich schon wieder Geschichte schnuppern:

1409 wurde die Universität gegründet; bald zog sie bedeutende Gelehrte und viel versprechende Studenten in ihren Bann: Christian Thomasius philosophierte hier, der Philologe Johann Christoph Gottsched war zu Goethes Zeiten Rektor. Wilhelm Wundt gründete in Leipzig 1879 das erste Institut für experimentelle Psychologie, und der Physiker Werner Heisenberg lehrte an der Uni. Leibniz, Lessing und Robert Schumann studierten in Leipzig, ebenso die Dichter Jean Paul, Schlegel und Novalis. Auch Karl May war da, wenn auch ohne studentische Ambitionen und unter falschem Namen. 1865 mietete er sich über der Central-Apotheke ein, ließ sich einen Pelz bringen – und verschwand mit dem guten Stück. Allein: Der Spitzbube wurde gefasst und ins Arbeitshaus gesteckt. Ob die Gefangenschaft Karl Mays Fantasie Flügel verlieh und die Welt der Leipziger Episode den »Winnetou« verdankt, bleibt ungeklärt.

Verbrieft ist dagegen die Verbindung mit einem guten Stück Weltliteratur, dem Faust: Als der 16-jährige Goethe 1765 nach Leipzig kam, war das ein Schritt aus den verwinkelten Gassen Frankfurts in die Großzügigkeit der sächsischen Messestadt, die damals rund 30 000 Einwohner zählte. Goethe war beeindruckt und legte sich erst mal eine weltmännische Garderobe zu. Wenn er später im Faust die Studenten in Auerbachs Keller über die

»wunderliche Weise« der Auswärtigen spotten lässt und Frosch zu dem berühmten Satz anhebt – »Mein Leipzig lob' ich mir! Es ist ein klein Paris, und bildet seine Leute« –, dann steckt darin auch eine gute Portion Selbstironie des Dichterfürsten. Da müssten dem Herrn Goethe die Sachsen doch sehr sympathisch gewesen sein, auch wenn sich der Hesse mit der sächsischen Mundart partout nicht anfreunden wollte.

Genug aus dem Nähkästchen, Leipzig wartet. Wenn Sie jetzt weitergehen, dürfen Sie auf keinen Fall das Pflichtfoto eines jeden Leipzig-Trips versäumen: Die Bronzefiguren von Faust, Mephisto und den Studenten an den Treppen hinab zu Auerbachs Keller. Vielleicht bannt Sie ein freundlicher Leipziger gleich mit auf den Film. Es soll vorkommen, dass aus solchen Begegnungen wunderbare Freundschaften entstehen. Die wären dann mit einer kühlen Gose, will sagen obergärigem Weißbier, und ein paar Fettbemmen, hochdeutsch Schmalzbrote, zu besiegeln. Bei einem Schwätzchen über Leipzig und die Welt könnte man getrost die Musikstadt Musikstadt sein lassen, und die Buchstadt für einen Abend zu den Akten legen.

Die Thomaner und J. S. Bach

Auf zwei Ikonen lassen die streitfreudigen Leipziger nichts, aber auch gar nichts kommen: den Thomanerchor und den berühmtesten Thomaskantor, Johann Sebastian Bach. Weihnachtsoratorium und Johannespassion sowie die Sommerkonzerte am Bachdenkmal – zur Musikstadt Leipzig sind die Jungs und der Maestro der Notenschlüssel. Die Tradition der Sänger begann im Augustiner-Chorherrenstift, das Markgraf Dietrich von Meißen 1212 im Thomaskloster gründete. Als gut 500 Jahre später ein neuer Kantor für die Thomaner gesucht wurde, fiel die Wahl auf Georg Philipp Telemann. Aber der blieb lieber in Hamburg, und so bekam Capellmeister Johann Sebastian Bach – für den Rat allenfalls dritte Wahl – den Zuschlag. Mit vier Wagen und zwei Kutschen rollte der Musikus im Mai 1723 samt Familie in Leipzig an. Dann begann der Alltag: Kantaten schreiben und einstudieren, Schüler unterrichten, Konzerte geben, Orgeln einweihen. Der Kantor geriet bald in Streit mit Rat und Universität. Es ging um Disziplin und Geld. Als Bach im Juli 1750 starb, reichte es nur zu einem Armenbegräbnis auf dem Johannisfriedhof. Nach 1894 wurden seine sterblichen Überreste in der neu erbauten Johanniskirche beigesetzt und 1949 schließlich in die Thomaskirche überführt.

Und die Thomaner? Die Jungen leben nach wie vor im Internat. Sie haben mittlerweile berühmte Konkurrenz aus den eigenen Reihen: Nach der Wende katapultierten sich Exchorknaben als »Die Prinzen« in die Pop-Charts.

Außer in den Schulferien und während Konzertreisen können Besucher in der Thomaskirche den Motetten lauschen: Fr 18 Uhr, Sa 15 Uhr

Was schauen wir an?

Leipzig auf Tuchfühlung: Entdecken Sie zauberhafte Bauten, lebhafte Passagen und herrliche Grünanlagen!

Die Stadt macht es ihren Besuchern leicht: Das alte Leipzig, das neue Leipzig, das kulturelle, akademische und amüsante – im Großen und Ganzen finden Sie es innerhalb des Rings. So bekommen selbst Tagestouristen viel zu sehen. Jeder Bummel durch die Stadt, flankiert von Thomas- und Nikolaikirche, führt durch frisch renovierte Messepaläste und vorbei an großartigen Kaufmannshäusern. Für die konzentrierte Dosis Leipzig können Sie getrost auf das Auto verzichten. Zum Messegelände oder zum Völkerschlachtdenkmal kommen Sie bequem mit der Straßenbahn. Die Konzentration an Schauwert ist natürlich gleichzeitig die Krux eines Leipzig-Besuchs. Bei jedem Schritt stolpert man nicht nur über Perlen der Architektur vom Barock bis in die 20er-Jahre, man könnte auch sofort in diesem Museum, in jener Galerie und nicht zuletzt bei einem frisch gebrauten Bier am Thomaskirchhof hängen bleiben. Die Freisitz-Kultur, das Sitzen in Straßencafés und in Biergärten, hat in den letzten Jahren den Sprung in die Neuzeit geschafft. Niemand lässt sich davon abschrecken, dass mitunter in unmittelbarer Nachbarschaft die Presslufthämmer dröhnen – solange es Baugerüste gibt, bewegt sich was in der Stadt. Immerhin sind mittlerweile gut zwei Drittel der Bausubstanz saniert. Eine ganz erstaunliche Seite an Leipzig sind die vielen Parks, Gärten und der ausgedehnte Auenwald. Auch hier gilt: Es liegt alles vor der Tür.

Die Nikolaikirche: Klassizistisches Meisterstück und Ort der Friedensgebete 1989

BAUTEN

Alte Börse **(109/D2)**

★ Wie eine kleine Schatztruhe steht das reich verzierte Gebäude an der Stirnseite des Naschmarkts. Der erste Barockbau Leipzigs entstand 1678/79 auf Drängen der Kaufleute. Die wollten ihre Geschäfte nicht länger in der engen Holzbude auf dem Markt abschließen. Geld und kostbare Neuigkeiten wechselten fortan im Obergeschoss der Börse die Besitzer. In den Erdgeschossgewölben boten auswärtige Kaufleute ihre Messewaren feil. Im Börsensaal finden heute Konzerte und Lesungen statt. Auf dem Freisitz vor der Börse müssen die Gäste schon mal rücken, damit der junge Goethe auf seinem Denkmalsockel samt Bauwerk gut aufs Foto kommt. *Naschmarkt*

Altes Rathaus (108-109/C–D2)

★ Haben Sie es schon gemerkt? Der schöne Turm des Alten Rathauses steht nicht in der Mitte der 90 m langen Fassade. Das hat ganz praktische Gründe. Der bedeutende sächsische Baumeister Hieronymus Lotter errichtete das Gebäude 1556 auf den Grundmauern des gotischen Rathauses. Und da lag dort das Treppenhaus, wo sich heute das markante Türmchen erhebt. In Windeseile baute Lotter den Ratsherren das neue Domizil: Gerade mal neun Monate dauerten die Arbeiten! Im ersten Stock befanden sich Bürgermeisterei, Gericht und Festsaal. Die Räume können besichtigt werden. Seit 1909 beherbergt das Alte Rathaus das Stadtgeschichtliche Museum. Der Festsaal wird für Konzerte und repräsentative Veranstaltungen genutzt. Das Leipziger Rathaus gilt als einer der schönsten Renaissancebauten Deutschlands. Wo sich heute die Andenkenmeile erstreckt, befanden sich auch früher schon Kaufgewölbe. Der Direktor führt dienstags, 17 Uhr, durch das Haus. *Mo geschlossen, Di 14–20, Mi–So 10–18 Uhr, Markt*

Alte Waage (109/D2)

Das schlichte Renaissancegebäude gehörte zu den wichtigsten der Stadt: Hier hatten Schreibstuben und das Waagamt im 16. Jh. ihr Quartier. Kein Kaufmann, der Waren nach Leipzig brachte, kam an dem Haus vorbei, und die Zollabga-

Vor dem Alten Rathaus spielt sich das pralle Leben ab

MARCO POLO TIPPS FÜR BESICHTIGUNGEN

1 **Altes Rathaus**
Schöner Renaissancebau mit konzentrierter Stadtgeschichte im Inneren (Seite 16)

2 **Alte Börse**
»Schatzkiste« am Naschmarkt, strahlend renoviert (Seite 15)

3 **Barthels Hof**
Letzter typischer Handelshof Leipzigs, mit Läden und historischem Gasthaus (Seite 18)

4 **Clara-Zetkin-Park**
Stadtpark Nummer eins, einen Steinwurf von der City entfernt (Seite 30)

5 **Hauptbahnhof**
Größter Kopfbahnhof Europas. Historie in Stein, verbunden mit moderner Einkaufswelt (Seite 20)

6 **Mädlerpassage**
Ein Hauch von Mailand: elegant, mondän und teuer (Seite 21)

7 **Neue Messe**
Kristallpalast des 20. Jhs., schön, gigantisch und praktisch (Seite 22)

8 **Nikolaikirche**
Älteste erhaltene Stadtkirche. Keimzelle der friedlichen Revolution von 1989 (Seite 27)

9 **Thomaskirche**
Auf immer verbunden mit den Thomanern und Johann Sebastian Bach (Seite 29)

10 **Völkerschlachtdenkmal**
Von der 91 Meter hohen Aussichtsplattform bester Blick über die Stadt (Seite 25)

ben füllten dem Rat ordentlich das Stadtsäckel. Im 17. Jh. zog das erste Leipziger Postamt, im 20. Jh. das Messeamt in die Alte Waage. Sehenswert ist die historische Fassade mit dem Staffelgiebel als Blickfang. Wie am Alten Rathaus war auch hier der berühmte Bau- und Bürgermeister Hieronymus Lotter am Werke. *Markt/Ecke Katharinenstraße*

Auerbachs Keller **(109/D3)**
Leipzigs berühmteste Schankstube, in der sich Faust-Mythos und Gasthaustradition zu einem belebenden Elixier vermischen. Kaum ein Besucher, der nicht magisch zu den Bronzefiguren Faust, Mephisto und Gesellen in der Mädlerpassage hingezogen wird. Angefangen hat alles mit Heinrich Stromer aus dem kleinen Pfalz-Städtchen Auerbach. Er betrieb zu Beginn des 16. Jhs. einen florierenden Ausschank in den Kellergewölben. Hundert Jahre später machten die Geschichten vom Leipziger Fassritt des Schwarzmagiers Faust die Runde. Flugs beauftragte Stromers Urenkel den Leipziger Maler Brettschneider, Bilder vom Fassritt zu malen – und datierte sie vor auf 1525. Von Auerbachs Aura ließ sich auch J.W. Goethe als junger Student beeindrucken: Die Gaststube wurde ein Schau-

platz im Faust. Auch jetzt geht es in den angenehm sanierten Kreuzgewölben mit großer Gaststube, Goethe- und Lutherzimmer immer noch munter und herzhaft zu. Der Mephisto der heutigen Fasskeller-Zeremonie *(nur auf Anmeldung, Tel. 21 61 00)* ist ein Scharlatan aus Überzeugung. Und Faust? Der verfolgt die Besucher nur noch in ungezählten Bildnissen – bis zum stillen Örtchen. *Mädlerpassage*

Barthels Hof **(108/C2)**

★ Dem übereifrigen Engagement des Immobilienspekulanten Jürgen Schneider ist es wohl zu verdanken, dass der letzte typische Handelshof Leipzigs, jetzt top saniert, zu den schönsten Häusern der Innenstadt gehört. Nach der Schneider-Pleite brachten Banken und Handwerker die Rekonstruktion des gut 500 Jahre alten Gebäudekomplexes zu einem glücklichen Ende. Das historische Gasthaus mit Freisitz sowie Modegeschäfte, Kunsthandwerker und eine Puppenklinik machen den Hof attraktiv. Viel bewundert ist der prunkvolle Erker des Hauses »Zur goldenen Schlange« (Hofseite Hainstraße). Seit 1523 windet sich das glänzende Reptil an dem Erker, der ursprünglich an der Renaissancefassade zur Marktseite angebracht war. Kaufmann und Bauherr Gottfried Barthel gab dem Komplex im 18. Jh. die heutige Struktur. Lebhaft ging es damals während der Messen zu. Voll beladene Pferdefuhrwerke ratterten durch das »Durchhaus«, die Kaufleute hatten ihre Gewölbe im Erdgeschoss, Wohnungen lagen in den Obergeschossen. *Markt/ Hainstraße/Kleine Fleischergasse*

Bayerischer Bahnhof **(109/E6)**

Die Vorderfront des klassizistischen Bahnhofgebäudes erinnert eher an Triumphbögen. 1842 war er als Kopfbahnhof Ausgangspunkt der Strecke Leipzig–Nürnberg. Als der Hauptbahnhof errichtet wurde, trat der Bayerische Bahnhof in den Hintergrund. Später plante man sogar den Abriss, doch dafür fehlte – zum Glück – das Geld. Jetzt möchte sich eine bayerische (!) Brauerei ansiedeln und einen großen Biergarten aufmachen. Historische Randnotiz: Karl Marx stieg hier mit seiner Tochter Eleonor im Jahr 1874 aus, er wollte die Liebknechts in Leipzig besuchen. *Bayrischer Platz, Straßenbahnen 2, 5, 16, 21*

Bosehaus **(108/C3)**

Ursprünglich war es ein kleineres Bürgerhaus aus dem 16. Jh. Der Kaufmann Georg Heinrich Bose ließ das Renaissancegebäude 1711 im Barockstil umbauen. Der hübsche Komplex am Thomaskirchhof ist seither ein Haus der Kunst. Johann Sebastian Bach, der gegenüber in der Thomaskirche wohnte, musizierte im Sommersaal, die berühmte private Kunstsammlung der Kaufmannsfamilie Richter – zum Teil aufgegangen im Leipziger Bildermuseum – war hier bis 1810 untergebracht, später historische Musikinstrumente. Heute ist das Bosehaus Heimstatt des Bach-Archivs mit Bachmuseum *(s. S. 37)*. Im Hinterhaus liegt der Eingang zum Kabarett »Die Pfeffermühle«. Der illusionistisch bemalte Hof wirkt besonders anheimelnd an lauen Sommerabenden, ideal für einen Absacker in der Pfeffermühlen-Kneipe. *Thomaskirchhof 16*

Commerzbank/ Kaufhaus Topas (108/C3)

Die goldene Krone des auffälligen Gebäudes am Thomaskirchhof ist weithin sichtbar. Schon immer wurden in dem Bau gute Geschäfte gemacht: 1904 wurde es als Kaufhaus Topas errichtet. Nach der Wende zog die Commerzbank ein. Als das Haus saniert war und das Gold wieder glänzte, überkamen die Bankiers Imagesorgen angesichts des vielen Glamours. Sie regten an, das Gold nachträglich mit einer Patina zu schwärzen. Aber die Denkmalschützer blieben hart, und die Leipziger mögen ihr Topas, wie es ist. *Thomaskirchhof*

Fregehaus (109/D2)

Das steile Satteldach, die vielen Dachgauben und der prächtige Erker heben das barocke Gebäude aus dem Ensemble der Katharinenstraße heraus. Der Bankier Christian Gottlob Frege kaufte 1782 das Kaufmannshaus mit dem rechteckigen Innenhof und der reichen Ausstattung: Delfter Fliesen im Treppenhaus, bemalte Holzbalkendecken und hölzerne Wandtäfelungen in den Obergeschossen. Hier logiert jetzt die Galerie am Sachsenplatz. *Katharinenstraße 11*

Gewandhaus (109/E3)

Am schönsten ist das 1981 eingeweihte Konzerthaus abends: dann flutet das Licht aus den verglasten Foyers über den Augustusplatz. Blickfang ist das überdimensionale Deckenbild: Auf rund 700 qm schuf Sieghart Gilles einen bildlichen »Gesang vom Leben«. Am Tag wirkt der Bau eher nüchtern. Dafür hat der erste Konzerthallenbau der DDR eine ausgezeichnete Akustik. Herzstück ist der sechseckige, große Konzertsaal mit der mächtigen Schuke-Orgel. Sie ist 15 m breit, 11 m hoch und hat 6638 Pfeifen. Hier prangt auch der alte Leitspruch des Orchesters: »Res severa verum gaudium est« – »Wahre Freude ist eine ernste Sache«. Berühmtester Kapellmeister war Felix Mendelssohn Bartholdy. Durch die Wendezeiten führte Kurt Masur das Orchester in die marktwirtschaftliche Realität. Das Haus vis-à-vis der Oper ist die dritte feste Spielstätte des berühmten Leipziger Orchesters. Ursprünglich musizierte es ab 1781 in dem umgebauten Saal des Messehauses der Tuchmacher (heute Städtisches Kaufhaus, Universitätsstraße) – daher auch der Name Gewandhaus-Orchester. Ein Jahrhundert später bekamen die Musiker ihre erste eigene Spielstätte: das neue Konzerthaus in der Beethovenstraße. Der schöne klassizistische Bau wurde im Zweiten Weltkrieg völlig zerstört. *Augustusplatz, Tel. 127 02 80*

Gohliser Schlößchen (113/E5)

Das Gohliser Schlößchen ist ein feudaler Sommersitz, den sich Kaufmann und Ratsherr Caspar Richter, damals noch weit vor den Toren der Stadt, errichten ließ. Der Siebenjährige Krieg machte den Palais-Träumen von 1756 erst mal einen Strich durch die Rechnung. Die Innenräume wurden später im Stil des Frühklassizismus gestaltet. Während der Völkerschlacht 1813 wurde hier ein Militärhospital eingerichtet. Mit einer Grundrenovierung bekam die Anlage in den 90ern ihr fürstliches Aussehen zurück. Pastellig präsentiert sich der Steinsaal im Erdgeschoss, in den ein stilvolles Restaurant eingezogen ist. Eine Flügeltür führt in den Garten, die einzige erhaltene Anlage der gerühmten Leipziger Barockgärten. Im Obergeschoss beeindruckt der luftige Festsaal mit Gemälden des kursächsischen Hofmalers Adam Friedrich Oeser, der Goethe im Zeichnen unterwies. Veranstaltet werden Konzerte, Lesungen und Sommertheater *(unregelmäßig stattfindende Führungen, Tel. 58 96 90). Menckestraße 23, Straßenbahn 6, Menckestraße*

Hauptbahnhof **(109/E1)**

★ Für Filmleute war der Bahnhof im Herzen der Stadt wegen seines Nachkriegsambientes attraktiv – davon ist nichts mehr zu spüren. Hinter den historischen Mauern (gebaut 1909–13) verbirgt sich mit 24 Bahnsteigen der größte Kopfbahnhof Europas – und ein hochmodernes Dienstleistungszentrum. 1997 eröffnete unter dem Namen »Promenaden Hauptbahnhof« eine Mall mit Boutiquen, Cafés, Drogerien und mehr, eingelassen in den rund 270 m langen Querbahnsteig. Freitreppen, Wartesäle und die imposanten Eingangshallen präsentieren sich historisch genau saniert. Für die symmetrische Aufteilung des Hauptbahnhofs gibt es einen handfesten Grund: Der westliche Komplex stand unter preußischer, der östliche unter sächsischer Verwaltung. Erstaunlich: Das monumentale Bauwerk steht auf 3125 Stahlbetonpfählen, gerammt in den sumpfigen Grund der Parthe-Niederung. *Willy-Brandt-Platz*

Glitzernde Einkaufswelt mitten in der City, eingelassen in den riesigen Querbahnsteig des historischen Hauptbahnhofs

Hochschule für Musik und Theater **(108/B5)**
Großzügiger Bau im Musikviertel und in Nachbarschaft der Uni-Bibliothek sowie der Hochschule für Grafik- und Buchkunst. Seit 1887 werden im Konservatorium musikalische Talente unterrichtet. Die Gründung des ersten deutschen Konservatoriums geht auf Felix Mendelssohn Bartholdy zurück, nach dem die Schule benannt ist. 1992 war die Vereinigung mit der Theaterhochschule. Zurzeit entsteht hier ein neuer Konzert- und Theatersaal. *Grassistraße 8, Straßenbahnen 8, 5, 13, 21, 38, Karl-Tauchnitz-Straße/Neues Rathaus, Bus 89, Wächterstraße*

Königshaus **(108/C2)**
Das Kaufmannshaus am Markt, Eingang zur wenig schönen Königshauspassage, hat eine besondere Geschichte: Der Rat nutzte es als Gästehaus, und zu allen Jahrhunderten stiegen hier gekrönte Häupter ab. Zar Peter der Große machte Station, genauso Sachsens August der Starke und Preußenkönig Friedrich II. Napoleon drückte in einem der Erkerzimmer 1813 seinen sächsischen Bundesgenossen noch mal die Hand, bevor er sich aus dem Staub machte. *Markt 17*

Klingerhaus **(109/D3)**
Das leuchtende Rot der malerischen Giebel und Erker fällt weithin ins Auge. Seifensieder Klinger ließ das Geschäftshaus in der Petersstraße 1878/88 errichten. Ein Begriff ist vor allem sein Sohn: 1857 erblickte der spätere Maler, Grafiker und Bildhauer Max Klinger im Vorgängerbau das Licht der Welt. *Petersstraße 48*

Kroch-Hochhaus **(109/E3)**
Das erste Hochhaus der Stadt aus dem Jahr 1927/28 soll an den Uhrenturm auf Venedigs Markusplatz erinnern. Die jüdische Bankiersfamilie Kroch schuf mit dem Elfgeschosser ein Wahrzeichen der Stadt. Bemerkenswert sind die Glockenmänner auf dem Dach. Die Familie Kroch, die in Leipzig auch Sozialwohnungen bauen ließ und die Kunst förderte, wurde Opfer der Judenverfolgung im Dritten Reich. *Augustusplatz 2*

Mädlerpassage **(109/D3)**
★ Weltstädtisches Flair wie keine andere Verkaufsmeile der Stadt strahlt die elegante Mädlerpassage aus. Kofferfabrikant Anton Mädler ließ den lichten Durchgang 1912 nach dem Vorbild der Mailänder Galleria Vittorio Emanuele bauen. Die Geschichte des Hauses lässt sich am Portal Grimmaische Straße ablesen: Die Sandsteinfiguren mit Vase und Weintrauben erinnern daran, dass der Bau als Weinkeller und Porzellanmessehaus genutzt wurde. Der Messepalast ersetzte Auerbachs Hof aus dem 16. Jh. Der berühmte Auerbachs Keller zieht viele Schaulustige an. Die Grimmaische Straße mausert sich zur beliebten Einkaufsstraße zwischen Markt und Augustusplatz. Blickfang an der Grimmaischen Straße 17 ist der Fürstenhauserker, der nur noch als Kopie erhalten ist. *Grimmaische Straße 3–4/ Neumarkt 14*

Moritzbastei **(109/D4)**
Der bekannteste Studentenclub der Stadt, labyrinthisch im uralten, meterdicken Gemäuer der Bastei des 16. Jhs. angelegt. Vom Frühstück am Morgen – im

Café oder Innenhof – bis zur Disko am Abend ist hier immer etwas los. Den Namen verdankt die Bastei dem Kurfürsten Moritz von Sachsen. Er beauftragte Leipzigs renommierten Baumeister Hieronymus Lotter, den Ort in einer Hauruckaktion wehrhaft auszubauen. Später entstand auf den Grundmauern die erste Bürgerschule der Stadt.

Nach dem Zweiten Weltkrieg überwucherte Grün die Trümmer, erst in den 70ern schlug die Stunde der Studenten: 1974 guckten sie das Gelände direkt neben dem Uni-Riesen für ihren Club aus. 1982 wurde der Gesamtbau eröffnet. *Universitätsstraße 9*

Neue Messe **(111/D2–3)**

★ Nach rekordverdächtigen drei Jahren Bauzeit wurde 1996 das rund 100 ha große Gelände in Seehausen eröffnet. Ästhetischer und organisatorischer Mittelpunkt ist die halbrunde, gigantische Glas-Stahl-Konstruktion eines Architektenteams um Volkwin Marg. Sie ist gut 240 m lang, 80 m breit und fast 30 m hoch. An dem Gebilde wirkte auch Ian Ritchie mit, Konstrukteur der Glaspyramide des Louvre. Die 5500 Scheiben des Messepalastes werden von einem eigens erfundenen Roboter geputzt. Glasbrücken führen zu fünf Ausstellungshallen. Das flache Becken vor der Halle erinnert an den Teich vor dem Völkerschlachtdenkmal. Er wird zweigeteilt vom Mosesweg: Von weitem entsteht der Eindruck, da liefen Menschen mitten durchs Wasser. Ein schmaler Turm – gleichzeitig Schornstein – trägt das traditionelle Leipziger Messe-Signet. 1917 schuf Erich Gruner das Doppel-M für Muster-Messe, jetzt soll es für »Messe und Mehr« stehen. *Messeallee 1, Tel. 678-0, Fax 678 87 62, Straßenbahnen 16, 21, Bus-Zubringer vom Flughafen, Terminal B, und vom Hauptbahnhof, Ostseite*

Neues Rathaus **(108/C4)**

Mit trutzigem Turm und verspielter Fassade bietet das Neue Rathaus am südlichen Innenstadtring einen imposanten Anblick – und wird oft genug für viel älter als das kleine Renaissancerathaus am Markt gehalten. Tatsächlich entstand es erst 1897 unter der Ägide von Stadtbaudirektor Hugo Licht. Das Rathaus steht auf dem Gelände der alten Pleißenburg, als Zwingburg und Kaserne nicht eben beliebt. Auf den Turm wollte man aber nicht verzichten, und so wurde er auf 115 m erhöht. Damit ist er noch heute Wahrzeichen und das zweithöchste Gebäude der Innenstadt. Den Giebel des Historismusbaus ziert die Inschrift »Eine neue Burg ist erstanden«, am Haupteingang wachen zwei Löwen, Leipzigs Wappentiere. Unbedingt sehenswert sind die hohen Wandelhallen des Neuen Rathauses. Den Ratsplenarsaal ziert eine vergoldete, bemalte Kassettendecke. Am Abend leuchtet die blaue Uhr an der Fassade zur Schillerstraße den Nachtschwärmern die Stunde. *Mo–Fr 8–18 Uhr, Martin-Luther-Ring 4–6*

Opernhaus **(109/E2)**

Das Opernhaus am Augustusplatz war 1960 der erste Theaterneubau der DDR. Vom Grundriss erinnert es an das spätklassizistische Neue Theater (1868) an dieser Stelle, das im Zweiten Weltkrieg zerstört wurde. Aus der Nähe gesehen ist die Gestaltung eher nüchtern und funktional. Die Innenausstattung vorwiegend in Rot, Gold und Ocker wirkt zwar gediegen, aber etwas überholt. Moderne Technik mit Drehbühnen und versenkbaren Podien stehen dem gegenüber. Das Haus bietet rund 1400 Plätze. Hinter der Oper erstrecken sich die Schwanenteichanlagen. Sie entstanden im 18. Jh., als die Befestigungsanlagen in einen grünen Promenadenring umgewandelt wurden. *Augustusplatz 12, Tel. 12 61-0*

Petershof **(108/C3)**
Einer der typischen ehemaligen Innenstadt-Messepaläste (1927/29). Die sieben großen Figuren an der Fassade symbolisieren verschiedene Messen und Berufe. Seit 1957 lockt hier im Herbst das Internationale Festival für Dokumentar- und Animationsfilm ins Capitol. *Petersstraße 20*

Reichsgericht **(108/C5)**
Mit seiner Kuppel und dem Grundriss bildet das ehemalige Reichsgericht von 1884/94 eine Art Zwilling zum Reichstag in Berlin. An beiden Monumentalbauten war Architekt Ludwig Hoffmann beteiligt. Die Figur auf der Kuppel symbolisiert die Wahrheit und trägt deren Licht mit einer Fackel in die Welt. Berühmtheit erlangte das Gericht mit dem Reichstagsbrandprozess: Die Nazis inszenierten hier 1933 erfolglos eine Verhandlung gegen den bulgarischen Kommunisten Georgi Dimitroff. Trotz der prominenten Zeugen Goebbels und Göring musste das Gericht Dimitroff und die vier Mitangeklagten freisprechen. Der Hauptverhandlungssaal ist weitgehend erhalten und wurde zu DDR-Zeiten in das Dimitroff-Museum einbezogen. Seit 1952 hatte in beiden Geschossen das Bildermuseum sein Domizil. Zurzeit wird das Reichsgericht saniert für den Einzug des Bundesverwaltungsgerichts. *Simsonplatz*

Riquethaus **(109/D2)**
Einen Hauch Orient verbreitet das Riquethaus mit seinem chinesisch geschwungenen Türmchen und den kupfernen Elefantenköpfen über dem Eingang. Die Architektur von 1909 steht für die Handelsbeziehungen der aus Frankreich stammenden Riquets: Die Familie handelte seit 1745 mit China- und Orientwaren. Darüber hinaus gab es hier schon immer vorzügliches Naschwerk aus eigener Produktion. Im Riquet-Café erinnern im Regal eine alte Registrierkasse und ein dicker, goldener Elefant an die Tradition. *Schumachergäßchen 1–3*

Romanushaus **(109/C–D2)**
Opulent gestaltetes Palais, das 1703 städtebauliche Maßstäbe setzte – und seinen Auftraggeber in den Kerker brachte. Franz Conrad Romanus stieg als Günstling von August dem Starken zum Leipziger Bürgermeister auf. Der 30-Jährige ließ das stattliche, barocke Palais entwerfen. Die ungeheuren Kosten von 150 000 Talern »finanzierte« er über ungedeckte Stadtschuldscheine. Das flog auf, und so ließ ihn sein Patron 1705 in die Festung Königstein werfen. Heute

ist das Gebäude detailgetreu saniert. Viele Leipziger verbinden das Romanushaus mit dem legendären Richterschen Kaffeehaus, das 1784 hier seine Pforten öffnete. Zu den Gästen zählte der Dichter Friedrich Schiller. *Katharinenstraße 23*

Specks Hof **(109/D2–3)**
Einkaufspassage mit kosmopolitischem Flair. Architektonische Tradition und moderne Gestaltung greifen harmonisch ineinander. Das wurde 1996 in Cannes mit der Mipim Awards Trophy für das schönste restaurierte Bürogebäude Europas belohnt. Ein Blick in die Höhe der drei Lichthöfe lohnt sich! Sie wurden zur Neueröffnung 1995 mit Malereien, poppigen Keramikmedaillons und Wandfriesen ausgestaltet, die zum Teil auf die Geschichte der Leipziger Messe anspielen. Von der ursprünglichen Gediegenheit des 1908 eröffneten Messepalastes zeugen die dunklen Kupferdecken in den Passagen sowie die Bleiglasfenster an den Treppenaufgängen. Früher wurden hier Leder- und Schmuckwaren ausgestellt. Das Gebäude hat seinen Namen vom Vorgängerbau übernommen, der der Familie des Freiherrn Speck von Sternburg gehörte. Von Specks Hof führt ein Durchgang in das Hansahaus (1904/06), in das ebenfalls Geschäfte eingezogen sind. *Reichsstraße 4–6, Grimmaische Straße*

Städtisches Kaufhaus **(109/D3)**
Barock gestaltetes Messehaus, dem ein Designer-Outlet-Center zu gebührender Aufmerksamkeit verhelfen soll. Entstanden ist das Kaufhaus zwischen 1893 und 1901: Die Stadtbibliothek und das Messehaus der Tuchmacher wurden zu einem großen Komplex umgestaltet. Hierzu wurde der klassizistische Saal des Gewandhausorchesters abgerissen. Schönes Detail an der Fassade: Eine Bronzestatue von Kaiser Maximilian I. erinnert an die Verleihung des Messeprivilegs von 1497. *Neumarkt 9–19, Straßenbahnen 5, 8, 11, 13, 21, 28, Leuschnerplatz*

Stilvoll einkaufen in Specks Hof: Bücher, Mode oder Schnickschnack

Große Geister, hoch hinaus: Leibniz vor dem ehemaligen Uni-Riesen

Universität (109/D3)
Das höchste Gebäude der Stadt: Mit schlanken 142 m ragt der ehemalige Uni-Riese als Wahrzeichen in die Leipziger Skyline. Als Teil des Universitätskomplexes aus den 70er-Jahren symbolisierte er ein überdimensionales, aufgeschlagenes Buch. Die Leipziger tauften ihn bald treffend in »Weisheitszahn« um. Bis 1998 hatten hier die Dozenten und Mitarbeiter der Universität ihre Büros. Jetzt will ein privater Investor den Wolkenkratzer als Bürohaus sanieren. 1409 gegründet, gehört die Leipziger Universität zu den ältesten Deutschlands.

1836 entstand am Augustusplatz das imposante Hauptgebäude nach Entwürfen von Karl-Friedrich Schinkel. Geblieben ist nur das Schinkel-Portal, das einen Platz am Hörsaalgebäude in der Universitätsstraße bekam. *Augustusplatz/Universitätsstraße*

Universitätsbibliothek (108/C4)
Wer ganz genau auf die Farbe des Sandsteins achtet, wird entdecken, dass der gesamte Ostflügel der prachtvollen Universitätsbibliothek ein Neubau unserer Tage ist. 1881–91 entstand die Bibliothek nach Plänen des umtriebigen Leipziger Architekten Arwed Roßbach im Stil der italienischen Renaissance. Die Bomben des Zweiten Weltkriegs zerstörten große Teile des Gebäudes. 1992 entschieden sich Universität und Land für den Wiederaufbau in ursprünglicher Form mit modernem Innenleben. Prunkstück ist der ehemalige Posthof, jetzt glasüberdachter Lesesaal mit 200 Plätzen. Die Bibliotheca Albertina, 1543 gegründet, beherbergt mehr als drei Mio. Bände. Sie zählt eine bedeutende Sammlung mittelalterlicher Handschriften, rund 3500 Inkunabeln sowie eine Papyrus- und Autografensammlung zu ihrem Bestand. Bibliotheksführungen auf Anfrage. *Mo–Fr 9–18, Sa 9–12 Uhr, Beethovenstrasse 6, Tel. 973 05 77, Straßenbahnen 8, 5, 13, 21, Bus 89, Karl-Tauchnitz-Straße/ Neues Rathaus*

Völkerschlachtdenkmal (123/E2)
★ Mehr als 300 000 Besucher zieht der riesige Denkmalsbau Jahr für Jahr an. Er wurde 1913 eingeweiht – 100 Jahre nachdem die europäischen Verbündeten in der Völkerschlacht bei Leipzig Napoleon in die Flucht schlugen. Die Feierlichkeiten im Oktober 1913 waren ein nationales Ereignis. Der deutsche Kaiser reiste an, deutsche Fürsten und Vertreter der Herrscherhäuser Schwedens, Russlands und Österreichs. Randnotiz: Die Sachsen gehörten

Als der Brühl noch nach Beize roch

Während das Buch so fest zu Leipzig gehört wie der Löwe ins Stadtwappen, hat sich das Kürschnerhandwerk, ein ehemals blühendes Gewerbe, aus der Messestadt fast verabschiedet. Schon 1423 schlossen sich die Leipziger Kürschner zu einer Innung zusammen, und spätestens im 19. Jh. war die Stadt ein Eldorado der Rauchwarenhändler. Der Brühl glich einem Pelzbasar, wo der Geruch von Beize und Konservierungsmitteln in der Luft lag. Viele jüdische Kaufleute waren hier ansässig. Das Aus für Leipzig als Pelzstadt besiegelten die Nationalsozialisten: In der Reichspogromnacht brannten auch in Leipzig die Synagogen, mehr als 5000 jüdische Bürger Leipzigs wurden verhaftet und in die KZ Sachsenhausen und Buchenwald deportiert – und die jüdischen Kürschner endgültig vom Brühl vertrieben. Heute erinnert nur noch eine Gedenktafel im Bürgersteig vor dem ehemaligen Geschäftshaus der Familie Felsenstein (Nikolaistraße/ Ecke Brühl) an die Rauchwarentradition.

1813 zu den Verlierern, sie schlugen sich nämlich für den französischen Despoten. Im Denkmal *(tgl. Führungen)* erzählt eine Ausstellung die Baugeschichte. In der Krypta halten 16 steinerne Krieger Totenwache. Die kolossalen Figuren in der Ruhmeshalle (Tapferkeit, Glaubensstärke, Opferfreude und Volkskraft) ragen rund 10 m in die Höhe. Kaum zu vermuten ist, dass die winzig anmutenden, 324 Reiterfiguren in der Kuppelhalle fast lebensgroß sind.

Schon wegen der außergewöhnlichen Akustik der Halle beeindrucken die Aufführungen des Völkerschlachtdenkmal-Chores *(Karfreitag bis in die Adventszeit, So 10 Uhr).*

Genau 500 Stufen sind es zur 91 m hohen Aussichtsplattform. Von hier hat man den schönsten Blick über Stadt und Umland. *Nov.–April tgl. 9–16 Uhr, Mai–Okt. tgl. 10–17 Uhr, Tel. und Fax 878 04 71, Eintritt 6 Mark (während der Konzerte kein Aufgang), Prager Straße, Straßenbahnen 15, 21, Völkerschlachtdenkmal*

Zum Arabischen Coffe Baum (108/C2)

Ein Blick auf das Portal genügt: Hier geht's um die Bohne. Die Plastik zeigt einen Türken, der unter einem blühenden Kaffeebaum dem Putto eine Tasse Kaffee reicht. Kurioserweise verdankt das Haus sein Schankrecht von 1603 dem Irrtum eines Stadtschreibers. Der Coffe Baum ist das älteste erhaltene Leipziger Kaffeehaus. Um 1720 brachte der kurfürstlich-sächsische Hofchocolatier Johann Lehmann das Geschäft in Schwung. Dass August der Starke den Ausschank besucht hat, stimmt nicht. Dafür genossen Dichter und Musiker hier ihr »Schälchen Heeßen«, darunter Prominente wie Lessing, Schumann und Wagner. Besuchenswert ist auch das *Kaffeemuseum (tgl. 11–19 Uhr).* Eindrucksvoll: der schmale, hohe Lichthof. *Kleine Fleischergasse 4*

FRIEDHÖFE

Alter Johannisfriedhof (109/F3)
Auf dem Friedhof hinter dem Grassimuseum erinnern kunstvolle Grabmale an bedeutende Bürger. Hier wurde Goethes Freundin Käthchen Schönkopf bestattet und auch Goethes Zeichenlehrer Adam Friedrich Oeser. *Eingang Täubchenweg, Straßenbahnen 4, 6, 15, 20, 56, Johannisplatz*

Südfriedhof (123/E2)
In der Nähe des Völkerschlachtdenkmals erstreckt sich auf über 80 Hektar der Südfriedhof, zweitgrößter Parkfriedhof Deutschlands. Die Anlage von 1886 ist wegen ihres alten Baumbestands, botanischer Seltenheiten und künstlerischer Grabmale einen Spaziergang wert. Hier wurden auch Leipzigs erster Nachkriegsoberbürgermeister Erich Zeigner und Gewandhauskapellmeister Arthur Nikisch beerdigt. *Prager Straße, Straßenbahnen 15, 21, Völkerschlachtdenkmal*

KIRCHEN

Michaeliskirche (114/A5)
Wenn Sie eine Viertelstunde Fußmarsch nicht scheuen, sollten Sie sich der Michaeliskirche vom Tröndlinring durch die Nordstraße **(118/A2)** nähern. Sie genießen so von Anfang an einen unverstellten Blick auf das schöne Bauwerk des Historismus (1901 bis 04). Ihren Namen verdankt die Kirche dem Drachentöter Michael. Der Erzengel ist über dem Rundportal dargestellt. Im Frühjahr zieht es Musikliebhaber zu den Orgeltagen: Bei den Konzerten kommt der Klang der Wilhelm-Sauer-Orgel zur Geltung. *Nordplatz, Straßenbahn 20, 24, Nordplatz*

Nikolaikirche (109/D2)
★ Friedensgebete, Lichterketten, Demonstrationen – seit dem deutsch-deutschen Wendeherbst 1989 ist St. Nikolai als Keimzelle der friedlichen Revolution international bekannt. Der Schriftsteller Erich Loest, heute Ehrenbürger Leipzigs, machte die aufregenden Ereignisse jener Tage mit seinem Roman »Nikolaikirche« greifbar.

Schon immer spielte die älteste erhaltene Kirche Leipzigs eine wichtige Rolle im politischen Leben. In der Nähe der Kirche siedelten sich im 12. Jh. verstärkt Kaufleute an – ihrem Schutzpatron Nikolaus ist sie geweiht. In unmittelbarer Nachbarschaft entstand 1512 mit der Alten Nikolaischule (heute Kulturcafé und Museum) die erste stadteigene Bildungsstätte. In der Nikolaikirche fanden die Festgottesdienste zu den jährlichen Ratswahlen statt, hier bestand J. S. Bach seine Probe fürs Kantorenamt. Architektonisch erscheint der Bau als Zeugnis der Jahrhunderte. Ganz ursprünglich ist die gedrungene romanische Westfront. Erst 1555 entstand der Mittelturm. Der bekam zu Beginn des 18. Jhs. seine barocke Haube und wurde auf 75 m erhöht. Innen betört die größte Kirche der Stadt durch ihre lichte Gestaltung. Aus korinthischen Säulen scheinen Palmwedel zu sprießen. Auf diese Weise verwandelte Stadtbaudirektor Dauthe 1784/97 die gotische Hallenkirche in ein klassizistisches Meisterstück.

Das Altarbild stammt von A. F. Oeser. Pfarrer Christian Führer lädt auch heute noch montags zu Friedensgebeten. Auf dem Nikolaikirchhof erinnert eine Nachbildung der Dautheschen Nikolai-Säulen an den Herbst 1989. *Nikolaikirchhof*

Peterskirche **(117/F2)**
In der Wohnbebauung östlich der Karl-Liebknecht-Straße geht der riesige Bau fast unter. Dabei ist der Kirchturm mit 87 m fast so hoch wie das Völkerschlachtdenkmal. Rund 2500 Leute finden in dem gewaltigen Gotteshaus Platz. Wer davor steht, fühlt sich an eine französische Kathedrale erinnert. Tatsächlich nimmt die Gestaltung der 1882/85 entstandenen Peterskirche Bezug auf diese Bautradition *(Besichtigung nur nach Anmeldung, Tel. 213 16 12).* Donnerstags erklingt zur Mittagsandacht um zwölf Uhr die restaurierte Jahn-Orgel, die bis zur Sprengung der Paulinerkirche 1968 in dem Gotteshaus am Augustusplatz stand. *Schletterplatz, Straßenbahnen 11, 28, Hohe Straße*

Reformierte Kirche **(108/C1)**
Die reformierte Kirche geht auf die Hugenotten zurück. Sie flüchteten aus Glaubensgründen aus Frankreich und bildeten seit 1700 eine Gemeinde in Leipzig. Diese baute sich 1896/99 ihr Gotteshaus am Ring. Der Bau im Stil von Spätgotik und Renaissance vereinigte Kirche und Pfarrhaus auf so gekonnte Weise, dass die Entwürfe Ende des 19. Jhs. den ersten Preis der Pariser Weltausstellung einheimsten. Gottesdienste So 10 Uhr. *Tröndlinring 7*

Golden leuchtet der Turm der Russischen Gedächtniskirche

Russische Gedächtniskirche **(118/C5)**
Genau wie das Völkerschlachtdenkmal wurde die Kirche 1913, 100 Jahre nach dem Sieg über Napoleon, geweiht. 22 000 russische Soldaten kamen in der Schlacht bei Leipzig ums Leben. Der Entwurf Wladimir Prokowskis lehnt sich an eine Moskauer Kirche aus dem 16. Jh. an, russische und deutsche Maurer setzten ihn in nur neun Monaten um. Ein

frühes Jointventure: Während Russland den Bau finanzierte, stellte die Stadt Grund und Boden zur Verfügung. Weithin leuchtet die vergoldete, zwiebelförmige Kuppel. Im dunklen, weihrauchgeschwängerten Innenraum trennt nach orthodoxer Tradition eine 18 m hohe Ikonostase – eine Wand mit Schnitzereien und Heiligenbildern – den Gemeinde- vom Altarraum. *Philipp-Rosenthal-Straße 51a, Straßenbahnen 15, 21, 22, Alte Messe*

Thomaskirche **(108/C3)**

★ Sie hat so gar nichts Pompöses. Ihr Ruf aber geht weit über die Landesgrenzen hinaus. Er ist untrennbar verbunden mit den Thomanern, einem der bedeutendsten Knabenchöre im deutschsprachigen Raum, und ihrem berühmtesten Kantor: Johann Sebastian Bach. Vor dem Südportal erinnert Carl Seffners Bach-Denkmal von 1908 an das Wirken des Komponisten. Ungezählte Besucher pilgern zum Bach-Grab in der Thomaskirche. Die sterblichen Überreste wurden 1950 aus der zerstörten Johanniskirche hierher überführt. Die Wurzeln des Thomanerchores liegen im 13. Jh. Damals gab es bereits einen Kirchenbau an der Stelle der heutigen Thomaskirche. Er wurde Ausgangspunkt des von Markgraf Dietrich gestifteten Augustiner Chorherrenstifts, die Schüler dieser Institution erhielten u.a. eine Ausbildung in liturgischen Gesängen. Wenn die Thomaner nicht gerade auf Konzertreise sind, können die Besucher für einen kleinen Obolus freitags, 18 Uhr, und samstags, 15 Uhr, in den Genuss von Motetten und Kantaten kommen. In den Schulferien haben auch die Thomaner konzertfrei *(Tel. 9602855)*.

Am Pfingstsonntag 1539 predigte hier Martin Luther, der Tag gilt als Einführung der Reformation in Sachsen. Luther und Bach sind zwei der farbigen Fenster im Chorraum gewidmet. Stolz ist die heute 3000 Seelen zählende Gemeinde Thomas-Matthäi auf das jüngste Gedächtnisfenster, das Felix Mendelssohn Bartholdy gewidmet ist.

Die Orgeln der Bachzeit sind nicht mehr erhalten. Das Instrument auf der Chorempore stammt aus dem 19. Jh. Erst 1967 baute man auf der Nordempore eine zweite Orgel von Alexander Schuke ein, die dem historischen Klang nahe kommt. Der Bau selbst wurde öfter umgestaltet. 1496 ersetzte man das romanische Kirchenschiff durch eine spätgotische Hallenkirche. Sie wird überspannt von einem ungewöhnlich steilen Dach, mit 62 Grad Neigung ist es das steilste in Leipzig. Der 68 m hohe Turm bekam seine barocke Haube im Jahr 1702.

Die große Grünfläche vor der Thomaskirche ist ein beliebter Treffpunkt für junge Leute von Punk bis Hip geworden. Die Straße hier heißt Petersstraße. Sie ist benannt nach der 1886 abgerissenen Peterskirche, die am damaligen Stadttor stand. *Thomaskirchhof, tgl. 8–18 Uhr (im Winter 9–17 Uhr), Gottesdienst So 9.30 u. 18 Uhr*

PARKS UND GARTENANLAGEN

Botanischer Garten **(118/C4)**

Angefangen hat die Geschichte des Botanischen Gartens der

Universität bereits im 16. Jh. als »Hortus medicus« – also als Kräuter- und Heilpflanzengarten. Auf dem nur rund drei ha großen Gelände werden heute circa 9000 Pflanzenarten kultiviert. Attraktionen sind die Schaugewächshäuser mit Palmenhaus, Riesenseerosen, Kakteen- und Orchideenausstellung. Die Gewächshäuser stammen ursprünglich aus dem 19. Jh., mussten aber wegen Einsturzgefahr abgerissen werden. 1998/99 wurden sie nach historischem Vorbild neu errichtet *(Freiland tgl. 9–16 Uhr, Gewächshäuser Mi 13–16, So 9–16 Uhr, Apr.–Okt. jew. 9–18 Uhr)*. Von Frühjahr bis Herbst tummeln sich im Schmetterlingshaus mehr als 200 farbenprächtige Falter. *Linnéstraße 1, Straßenbahnen 12, 22, Riebeck/ Prager Straße*

Clara-Zetkin-Park **(117/E4)**
★ Leipzigs Stadtpark Nummer eins! Gärten im Stil des 19. Jhs., Wald- und Auenlandschaft fügen sich hier aneinander. Im Sommer sind die Wiesen von Studenten belagert, im Winter ist Familienrodeln angesagt. Clara Zetkin (1857–1933) war die Begründerin der sozialistischen Frauenbewegung. Unter ihrem Namen wurden 1955 verschiedene historische Gärten zu einem »Kulturpark« vereint. Dazu gehört auch der Johannapark **(117/E3)** zwischen Friedrich-Ebert- und Marschnerstraße. Er wurde von dem namhaften Gartenarchitekten Lenné entworfen und bietet mit Teich, Fontäne und geschwungenen Brücken eine romantische Sicht hinüber zum Neuen Rathaus. Dann schließt sich bis zum Elsterflutbett der ehemalige König-Albert-Park **(117/E5)** mit Blumenrabatten und Parkbühne an. Jenseits des Elsterflutbetts erstreckt sich das Auenwald-Gebiet »Die Nonne« **(117/D5)** mit einem Netz von Rad- und Spazierwegen. Westlich der Käthe-Kollwitz-Straße lohnt ein Spaziergang zum Wehr und früheren Palmengarten **(116/C3)**.

Fockeberg **(121/E2)**
Die kleine Erhebung in der Südvorstadt ist gewissermaßen Leipzigs Hausberg, für einen Sonntagnachmittagspaziergang so gut wie für den Rodelausflug und wilde Silvesterparties. Über einen Serpentinenweg, auf dem zahlreiche Holzskulpturen die Fantasie anregen, erreicht man die Kuppe. Von hier aus hat man einen herrlichen Blick über die Stadt. *Fockestraße, Straßenbahnen 11, 24, 28, Karl-Liebknecht/ Kurt-Eisner-Straße, Bus 60, Fockestraße*

Kulkwitzer See **(U/B4)**
Vor der Skyline der Grünauer Plattenbauten erstreckt sich der rund 150 Hektar große See. Ehemals ein Tagebauloch, hat er sich im Sommer zur liebsten Badewanne der Leipziger entwickelt. Gastronomie zum Teil auf Imbissniveau. Ausnahme: Das Chinesische Schiffsrestaurant *(Mo–Fr 11.30–15, 17.30–21, Sa, So 11.30 bis 23.30 Uhr, Tel. 941 15 11, Kategorie 2)*. Außerhalb der Badesaison ist der See eine Oase der Ruhe. *Lausen/Markranstädt, Straßenbahnen 1, 8, 31, Lausen*

Rosental **(112–113/C–D5)**
Rosen sind nicht gerade das vorherrschende Element dieses weiten Landschaftsparks zwischen

der Innenstadt und Gohlis. Woher der Name kommt, ist bis heute ein Rätsel. Östlich grenzt dieser an das so genannte Zooschaufenster. Hier können die Spaziergänger Lamas, Trampeltiere und Bisons in den großzügigen Außenanlagen des Zoos beobachten – nur durch einen kleinen Wassergraben getrennt. Im hinteren, waldigen Teil des Rosentals erhebt sich an der Westgohliser Gartenkolonie der »Scherbelberg«, für den 1896 wahrhaftig 60 000 Pferdefuhren Hausmüll angekarrt wurden. Darauf steht ein 20 m hoher Aussichtsturm.

Stadtgut Mölkau **(U/D4)**
Das wunderschön rekonstruierte Gut hat sich zu einem Ausflugsziel erster Güte entwickelt: Der Besuch auf dem ökologisch geführten Vorzeige-Bauernhof wird zum Erlebnis. Die Rinder-, Schweine- und Pferdeställe sind in der Regel offen, Besucher willkommen und Streicheln erlaubt. Nach einem Spaziergang durch den Zweinaundorfer Park bietet sich eine Einkehr im Herrenhaus an *(tgl. 11.30–23 Uhr, Tel. 658 11 30, Kategorie 2)*, das eher volkstümlich wirkt. Ein tolles Spektakel ist im Sommer das Mittelalterfest mit Ritterspielen. *Mölkau, Am Wäldchen 3, über B 87 u. B 6 Richtung Paunsdorf*

Wildpark **(121/E5)**
Rehe füttern, Elche beobachten, einen Blick auf Waschbären und Wildkatzen erhaschen – all das ist möglich in dem 42 ha großen Areal mit romantischen Wegen im Leipziger Ratsholz. Urtümlich ist das Teehaus, das wie ein russisches Blockhaus gebaut ist. Außerhalb des Gehegebereichs gibt es die große Parkgaststätte, die ein wenig DDR-Flair bewahrt hat. An der Ponybahn *(tgl. 9–18 Uhr)* starten Kremserfahrten. Halb Leipzig treffen Sie hier zum Wildparkfest im Mai und zum Fest des Waldes und der Jagd im September. *Koburger Straße 12, Gehegebereich Mai–Sept. 7–20 Uhr, April u. Okt. 7–19 Uhr, Nov.–März 7– 18 Uhr, Straßenbahn 28, Wildpark*

Zoologischer Garten **(113/F6)**
Der Leipziger Zoo ist eine charmante Anlage unter alten Bäumen, die seit gut 120 Jahren Stück für Stück gewachsen ist. 1878 eröffnete Ernst Pinkert seinen Privatzoo. Noch im gleichen Jahr begann man mit dem Bau des Raubtierhauses, und schon bald wurden in Leipzig Löwen gezüchtet. Das Wappentier schmückt auch das Portal an der Pfaffendorfer Straße. Heute gehört der Zoo mit seinen rund 1000 Tierarten zu den artenreichsten der Welt. Sonntags ziehen der Tierkindergarten oder Aktionen wie Kamelreiten und Kutschfahrten besonders viele Besucher an. Die Anlage befindet sich zurzeit im Umbruch. Die alten Raubtierhäuser sind zum Teil denkmalgeschützt, aber nicht mehr artgerecht, eine große Löwen-Savanne ist im Bau. Ebenso eine Menschenaffenanlage. Zu den neuen Attraktionen gehört die Everglades-Landschaft für Hechtalligatoren im Terrarium, der Wasservogelteich mit Teichcafé sowie die Robbenanlage mit Unterwasser-Sichtfenstern. Mühsam vor dem Verfall gerettet wird die prächtige Kongresshalle, das dominierende Ge-

bäude am Zooeingang, erbaut in den Jahren 1899/1900. *Pfaffendorfer Straße 29, Jan.–März u. Nov. bis Dez. 9–17 Uhr, Apr. u. Okt. 9 bis 18 Uhr, Mai–Sept. 9–19 Uhr, Eintritt 9 Mark, Straßenbahnen 20, 24, Zoo*

PLÄTZE

Augustusplatz **(109/E3)**
Zehntausende Menschen standen hier dicht gedrängt zu den Abschlusskundgebungen der Montagsdemonstrationen im Wendeherbst 89. Das allein verdeutlicht die Dimensionen: Zwischen dem kulturellen Kraftfeld Oper/Gewandhaus erstrecken sich rund 4 ha Fläche. Mit der Straßenbahntrasse in der Mitte, direkt am Ring gelegen, war der Augustusplatz schon immer ein pulsierender Knotenpunkt. Dazu umgeben von aufwendigen Bauten: An der Stelle der Oper stand das klassizistische Neue Theater von 1868, statt Gewandhaus gab es ein prächtiges Bildermuseum und an der Westseite statt einer schlichten »Uni« das prunkvolle Augusteum. Wo heute das Karl-Marx-Relief über dem Uni-Eingang prangt, stand einst die Pauliner-Kirche. Sie überdauerte den Zweiten Weltkrieg – und wurde dann 1968 zum Entsetzen der Leipziger gesprengt. Der Charakter des Platzes hat sich seit der Neugestaltung 1998 grundlegend verändert.

Architekt Bernhard Winkler legt heute den Akzent auf die Platzmitte. Die Besucher können hier Luft holen: auf den vielen Bänken an den Brunnen oder im Augustus-Café vor der Universität. Das flache Becken vor der Oper – ein modernes Gegenstück zum Mendebrunnen vor dem Gewandhaus – fängt bei Sonnenuntergang auch die letzten Strahlen ein. Umstritten sind die runden, mit Milchglas verkleideten Ausgänge der Tiefgarage Augustusplatz: Die Leipziger haben sie erbost »Milchtöppe« getauft, mit abendlicher Beleuchtung entwickeln sie aber durchaus Charme.

Der Mendebrunnen ist ein liebevoll restauriertes historisches Element: 1886 eingeweiht, zeigt er die Meereswelt im Kleinen und ist eine Allegorie auf die Bedeutung des Wassers für den Menschen. Er ist nach der Stifterin Marianne Pauline Mende benannt, einer Schönefelder Gutsbesitzerin. Reporter Egon Erwin Kisch fabrizierte die »Ente«, sie sei eine Bordell-Besitzerin gewesen, die mit der Schenkung ihre Sünden sühnen wollte.

Markt **(108/C2)**
Der Markt ist das Herzstück Leipzigs: Dominiert vom alten Renaissancerathaus, ist er selbst mit den Baulücken des Zweiten Weltkriegs und dem unschönen ehemaligen Messeamt auf der Westseite einer der attraktivsten Plätze Leipzigs. Früher vor allem Zentrum der Wochenmärkte und Messen, ist er auch heute noch Standort für zahlreiche Veranstaltungen. So ist nur mit Glück das 1845 gepflasterte Stadtwappen in der Marktmitte zu erkennen. Entstanden ist der Markt im Mittelalter. Ab dem 15. Jh. bauten die Kaufleute hier ihre Häuser. Das Waageamt (Ecke Katharinenstraße) gehörte wie das Rathaus zu den wichtigsten öffentlichen Gebäuden. 1924 wurde der Markt mit einer Messehalle unterkellert (Eingang am

Südende). Am Restaurant »Weinstock« rankt eine Weinrebe, die jährlich eine kleine, exquisite Ernte einbringt. Anno dazumal floss nicht nur Wein, sondern auch Blut: Auf dem Markt fanden Hinrichtungen statt. Zu trauriger Berühmtheit gelangte die letzte im Jahr 1824. Damals wurde der Perückenmacher Woyzeck enthauptet, weil er seine Geliebte erstochen hatte. Georg Büchner machte das Schicksal Woyzecks mit seinem Schauspiel weltbekannt.

Vom Markt führt die Hainstraße zum Brühl. Sie ist eine der aufgemöbelten Flaniermeilen Leipzigs. In der Adler-Apotheke verbrachte Fontane einen Teil seiner Lehrzeit.

Naschmarkt **(109/D2–3)**

Heimeliges Plätzchen zwischen Rathaus, Alter Börse und dem früheren Burgkeller. Der Platz entstand im 16. Jh. und war mit Salz- und Brotverkäufern sowie Garküchen schon immer ein Ort leiblichen Wohls. Diese Atmosphäre wird bei den in Leipzig beliebten Mittelaltermärkten wieder lebendig. Ansonsten ideal für eine Kaffeepause. Am Sockel des Goethe-Denkmals sind die Tochter von Goethes Zeichenlehrer Oeser und Goethes Freundin Käthchen Schönkopf verewigt.

Sachsenplatz **(109/D2)**

Große Baustelle, auf der das Museum der bildenden Künste Stück für Stück als Glaskubus Gestalt gewinnt. Drum herum sollen Häuserblocks entstehen, sodass die riesige Bombenlücke des Zweiten Weltkrieges im 21. Jh. endlich verschwunden sein wird.

Studiosus Goethe »herrscht« über den Naschmarkt

Zwei Stunden im Museum

Bürgermuseen im besten Sinne: Leipzigs Häuser beeindrucken mit Sonderausstellungen und populärer Atmosphäre

Bei den Museen kommt sie endlich mal zum Zuge, die bildende Kunst, in der Musik- und Buchstadt Leipzig sonst eher stiefmütterlich behandelt. Das Museum der bildenden Künste, auch Bildermuseum genannt, gehört zu den meistbesuchten der Stadt. Jetzt bekommt es am Sachsenplatz, im Herzen der Stadt, einen repräsentativen Neubau. Kunst neben Kommerz, nahe an den Bürgern – das ist gewissermaßen eine Rückkehr zu den Wurzeln. So wie das Gewandhausorchester dem musischen Ansinnen cleverer Kaufleute zu verdanken ist, so gründeten Kaufleute 1837 einen Kunstverein, der das Bildermuseum auf den Weg brachte. Und es waren großzügige Bürger, die mit ihren Stiftungen der Sammlung Substanz gaben.

Ein wunderbares Gegengewicht zum Bildermuseum ist die 1998 eröffnete Galerie für Zeitgenössische Kunst. Hier finden Interessierte auf wenig Raum ein komprimiertes, modernes Kunstangebot. Ansonsten eint Leipzigs Museen ein Dilemma: Von ihren reichen Sammlungen können sie oft nur Bruchstücke zeigen. Bestes Beispiel ist das Grassi. Im größten Museumskomplex der Stadt stehen ganze Flügel leer, weil das Gebäude verfällt. Vierzig Jahre DDR-Nachlässigkeit haben Spuren hinterlassen.

Wer über bauliche Mängel in der Museenlandschaft hinwegsieht, erkennt schnell Leipzigs Stärken. Die Kulturtempel sind Bürgermuseen im besten Sinne geblieben: Museumsfeste, freier Eintritt an bestimmten Sonntagen und Sonderführungen locken eben nicht nur Touristen an. Populäre Atmosphäre, entspanntes Kulturerlebnis – das zeichnet Leipzigs Museenlandschaft aus. Und als Sahnehäubchen gibt es hochkarätige Sonderausstellungen der renommierten Häuser. Daneben bleiben genügend Nischen für liebenswerte Fachausstellungen: beispielsweise im Schkeuditzer Spiel(zeug)museum *(Zum Herrenholz 30)* oder im Deutschen Landwirtschaftsmuseum Markkleeberg im agra-Park.

Kolossal: Das Völkerschlachtdenkmal gehört zu Europas monumentalen Erinnerungsstätten. Sein Museum erzählt die Geschichte von 1813

Ägyptisches Museum **(109/D4)**
Mit der Atmosphäre eines Berliner Ägyptischen Museums können die nüchternen Leipziger Räume nicht dienen. Für einen anregenden Kurzbesuch eignet sich die Leipziger Universitätssammlung unbedingt: Alltag und Kunstschaffen der Ägypter vom 4. Jahrtausend v. Chr. bis in die christliche Periode im 1. Jahrtausend spiegeln sich in rund 600 Ausstellungsstücken wider. Neben Königs- und Privat-Statuetten, Schmuck und Gefäßen finden Sie ein Glanzstück der Sammlung als Nachbildung: den kostbar bemalten, rund 4000 Jahre alten äußeren Sarg des Herischef-Hotep. Jeden zweiten Samstag im Monat finden Führungen durch die Lehrschausammlung im Magazin statt. *Di–Sa 13–17, So 10–13 Uhr, Eintritt 3 Mark, Schillerstraße 6, Straßenbahnen 5, 8, 11, 13, 21, 28, Leuschnerplatz*

Antikenmuseum der Universität Leipzig **(109/D2)**
★ Ein kleines Juwel in der Leipziger Museenlandschaft ist das Antikenmuseum in den lichten Räumen der Alten Nikolaischule: Der Rundgang führt zu den Schätzen verschiedener Kunstgattungen aus griechischer und römischer Antike, so zu einer reichen Sammlung von Gipsabgüssen griechisch-römischer Skulpturen. In der Ausstellung ist das sagenhafte Troja mit Funden aus Schliemanns Grabungen vertreten. Alexander der Große ist in Form eines kleinen, kostbaren

MARCO POLO TIPPS FÜR MUSEEN

1 Antikenmuseum
Griechische und römische Kostbarkeiten von Troja bis zum Schwarzen Meer (Seite 36)

2 Bach-Museum
Details aus Bachs Leben in authentischer Atmosphäre (Seite 37)

3 Galerie für Zeitgenössische Kunst
Spannende Kunst in spannungsgeladener Architektur (Seite 37)

4 Zeitgeschichtliches Forum Leipzig
Gegen das Vergessen: Geschichte der DDR und der Friedlichen Revolution 1989 (Seite 43)

5 Museum zum Arabischen Coffe Baum
Aromatische Melange der Kaffeegeschichte (Seite 41)

6 Musikinstrumenten-museum
Schöne Instrumente, überraschende Klangerlebnisse im Labor (Seite 39)

7 Werkstätten und Museum für Druckkunst
Sinnlicher Ausflug in die Vergangenheit des Buchdrucks (Seite 43)

8 Museum der bildenden Künste
Meisterwerke europäischer Malerei vom Mittelalter bis ins 20. Jh. (Seite 40)

Marmorköpfchens dargestellt. Die Sammlung der Universität wird seit 250 Jahren kontinuierlich ausgebaut und durch großzügige internationale Schenkungen unterstützt. *Di–Do und Sa, So 12 bis 17 Uhr, Eintritt 3 Mark, Alte Nikolaischule, Nikolaikirchhof 2, Bus 89, Nikolaikirche*

Bach-Museum (108/C3)

★ Das schönste am Bach-Museum ist die Authentizität des Ortes: Mit der Familie des Handelsherren Georg Heinrich Bose war Bach befreundet. In seinem Haus war er oft zu Gast. Seit 1985, just zum 300. Geburtstag J. S. Bachs, zog das Bach-Archiv in dieses Bürgerhaus. Das Museum ist nur ein Gebiet der Bachpflege des Instituts: Es unterhält eine wissenschaftliche Bibliothek (7000 Bücher, 8000 Musikalien) und besitzt eine Sondersammlung von Bach-Handschriften. Das überschaubare Museum im Obergeschoss ist ein Muss für alle, die sich für die 27 Leipziger Jahre des Komponisten bis in die Einzelheiten interessieren. Schön für Laien und Musikkenner ist die kleine Ausstellung von Musikinstrumenten der Bachzeit. In Sonderausstellungen werden auch lichtempfindliche Autographe der Öffentlichkeit zugänglich gemacht.

Kammermusik des 18. Jhs. – zum Teil auf historischen Instrumenten gespielt – ist in wöchentlichen Konzerten im historischen Sommersaal des Bach-Museums zu genießen, im Juli und August sonntags, 15 Uhr, im Innenhof. *Tgl. 10–17 Uhr, Eintritt 4 Mark, Thomaskirchhof 15–16, Tel. 964 41 35, Straßenbahn 21, Bus 89, Thomaskirche*

Deutsches Buch- und Schriftmuseum (122/C1)

Dass Leipzig den Titel »Buchstadt« in der Vergangenheit verdient hatte, zeigt die ständige Ausstellung »Merkur und die Bücher – 500 Jahre Buchplatz Leipzig«. Wie sah eine Buchdruckerwerkstatt im 18. Jh. aus? Welche Rolle spielte die Messe für den Buchhandelsplatz an der Pleiße? Das älteste Buchmuseum der Welt von 1884 gibt Antworten und erzählt die Kulturgeschichte des Buchs bis in die Moderne. Sehenswert sind die originalen Druckerpressen früherer Jahrhunderte. Zu den Schätzen der Sammlung gehören Inkunabeln, so genannte »Wiegendrucke« aus den Anfängen der Technik im 15. Jh. Das Museum liegt im architektonisch interessanten Komplex der Deutschen Bücherei. *Mo–Sa 9–16 Uhr, Eintritt frei, Deutscher Platz 1, Straßenbahn 2, Deutscher Platz*

Galerie für Zeitgenössische Kunst (122/C1)

★ ☆ Ein Ort kreativer Spannungen, das zeigt sich schon von außen: An die herrschaftliche Gründerzeitvilla fügt sich kompromisslos geradlinig ein moderner Kastenbau. Der Dresdner Architekt Peter Kulka gestaltete die ehemalige Villa des Geologieprofessors Credner zum Domizil für zeitgenössische Kunst um. Seit Mai 1998 beherbergt die Galerie eine Sammlung, zeigt aktuelle Arbeiten junger Künstler von Dresden bis New York, ermöglicht Talenten Atelier-Aufenthalte und verfügt über eine Bibliothek mit rund 15 000 Bänden – schwerpunktmäßig zur Kunst der 90er-Jahre. Die Galerie ist die erste ihrer Art in den neuen Bundesländern. Die Sammlung wird ständig erweitert und beinhaltet Werke von Gotthard Graubner, Hartwig Ebersbach und Neo Rauch. Und wo ist schon das Galerie-Café gleichzeitig Kunstwerk? Der Raum wird jährlich neu gestaltet und hat eine wunderschöne Terrasse mit Parkblick. *Di, Mi, Fr 13–17, Do 13–20, Sa, So 10–17 Uhr, Eintritt 5 Mark, Straßenbahnen 5, 8, 13, 21, 38, Karl-Tauchnitz-Straße/Neues Rathaus, Bus 89, Wächterstraße*

Grassimuseum (109/F3)
Drei Sammlungen von Rang vereinigt das Grassimuseum unter seinem Dach: das Museum für Völkerkunde, das Museum für Kunsthandwerk und das Musikinstrumentenmuseum. Wie sehr sich die drei Aussteller in dem arg mitgenommenen Bau von 1925/27 beschränken, zeigt vor allem das Museum für Kunsthandwerk: Nicht mal ein Prozent der millionenschweren Bestände wird in renovierten Teilen des Gebäudes gezeigt.

Benannt ist das Museum nach dem Kaufmann Franz Dominic Grassi, der Leipzig ein Millionenerbe vermachte. 1896 wurde im Gebäude der heutigen Stadtbibliothek am Leuschnerplatz das erste Grassimuseum eröffnet. Es platzte bald aus allen Nähten. 1929 konnte das neue Grassimuseum am Johannisplatz eingeweiht werden. Die zwingerartige Anlage im Art-déco-Stil war der bedeutendste Museumsneubau vor dem Zweiten Weltkrieg. Wegen der Fülle der Exponate sollten Sie sich für ein Museum entscheiden. *Täubchenweg 2 und Johannisplatz 5–11, Straßenbahnen 4, 6, 15, 20, 56, Johannisplatz*

Museum für Kunsthandwerk
Die Dauerausstellung im Obergeschoss führt im Zeitraffer durch die Welt des Europäischen Kunsthandwerks: Meißner Porzellan, Bestecke, Möbelstücke, Trachten oder Münzen zeigen einen Ausschnitt der Kulturen vom Mittelalter bis zur ersten Hälfte des 20. Jhs. Design der Gegenwart spielt ebenfalls eine Rolle. Das hat Tradition: Die Grassimessen der 20er- und 30er-Jahre galten als Tummelplatz der kunsthandwerklichen Avantgarde (Bauhaus). Einem hohen Qualitätsanspruch haben sich auch die heutzutage stattfindenden Grassimessen verschrieben, auf denen eine sehr persönliche Atmosphäre herrscht. *Di, Do–So 10–18, Mi 12–20 Uhr, Eintritt Dauerausstellung 5 Mark, Sonderausstellung 6 Mark, am 1. So im Monat frei*

Museum für Völkerkunde
Anschaulich, kurzweilig und phantasievoll ordnen sich hier die Kunst- und Alltagsobjekte zu einem Panorama der Völker aller Kontinente. Interessant ist die Darstellung indianischer Kulturen, außer Tipi, Tomahawks und Mokassins bekommt der Besucher aztekische Plastiken, Goldschmuck der Inka sowie einen geschnitzten Schwertwal zu sehen. Anziehungspunkt ist auch eine mongolische Jurte (hier finden Märchenlesungen für Kinder statt). Auf zwei Etagen finden sich außerdem zahlreiche Ausstellungsstücke aus Australien, Afrika und dem Orient. Der Bestand von fast 200 000 Objekten umfasst hauptsächlich den Zeit-

raum von 1870 bis 1930. Das Museum, das heute zu den bedeutendsten seiner Art in Europa zählt, ging aus der »Culturhistorischen Sammlung« des Dresdner Oberbibliothekars Klemm hervor. *Di–Fr 10–17.30, Sa, So 10–17 Uhr, Eintritt 5 Mark, am 1. So im Monat frei*

Musikinstrumentenmuseum
★ Spezifisch für die Musikstadt Leipzig ist dieses Museum mit seinen rund 800 Instrumenten und Musikautomaten. Auf zwei Etagen wird Musikgeschichte vom 16. Jh. bis in die Neuzeit erlebbar. Ein kleines Klanglabor lädt zum Experimentieren ein. Eine gewaltige Spende der Leipziger Universität ermöglichte es der Stadt, das Ensemble zu erwerben, das sie 1905 ausschlug. Damals erwarb ein Kölner Fabrikant die zum Verkauf stehende Privatsammlung von Paul Wit.

Zu den auffallendsten Instrumenten gehört ein Pyramidenflügel mit aufrecht stehenden Saiten. Der Leipziger Klavier- und Flügelbau bekommt mit renommierten Namen wie Blüthner reichlich Raum. »Überirdisches« hörten die Zeitgenossen des 19. Jhs. aus dem Klang der Glasharmonika (um 1800) heraus, die auch Beethoven oder Mozart beflügelte: rotierende Glasschalen werden hier mit dem befeuchteten Finger zum Klingen gebracht. Matineen, Sonderführungen. *Di–Sa 10–17, So 10–13 Uhr, Eintritt 5 Mark*

Augen- und Ohrenschmaus im Musikinstrumentenmuseum

Kamera- und Foto-Museum Mölkau **(U/D4)**
In einem kleinen Fachwerkhaus entwickelt sich vor den Augen der Besucher die Geschichte der Fotografie und Kameratechnik. Der verstorbene Fotograf und Kamerahistoriker Langner eröffnete das Museum noch zu DDR-Zeiten. Er trug außergewöhnliche Photographica zusammen, deren Prachtstück eine riesige horizontale Reprokamera von Hoh & Hahne (1890) ist. Die Erzeugnisse der bedeutendsten mitteldeutschen Kamera-Hersteller des letzten Jahrhunderts sind zu sehen. Atelier- und Reisekameras, Ferro- und Daguerrotypien. Seit der Wiedereröffnung 1994 etablierte Kerstin Langner eine Galerie, die durch qualitätsvolle Ausstellungen erotischer

Fotografie von sich Reden macht. *Mi, Sa, So 13–17 Uhr, Gottschalkstraße 9, Anfahrt über B 87/B 6 Richtung Paunsdorf*

Mendelssohn-Haus (109/E4)
In dem Haus verbrachte der Komponist Felix Mendelssohn Bartholdy seine letzten beiden Lebensjahre von 1845 bis 1847. Hier befindet sich die europaweit einzige erhaltene Wohnung des Komponisten, auf Initiative der Internationalen Mendelssohnstiftung als Gedenkstätte zugänglich. In drei Räumen sind Originalmöbel und Kunstgegenstände der Mendelssohns sowie Infos und Dokumente zu Leben und Werk des Künstlers zu sehen. Herzstück ist der großzügige Musiksalon im Biedermeierstil, in dem wie einst Sonntagskonzerte stattfinden. Mendelssohn Bartholdy war eng mit Leipzig verbandelt: Schon als 26-Jähriger übernahm er die Leitung der Gewandhauskonzerte. *Tgl. 10–18 Uhr, Eintritt 5 Mark, Goldschmidtstraße 12, alle Straßenbahnlinien zum Augustusplatz*

Museum der bildenden Künste (109/D9)
★ Das Bildermuseum gehört zu den wichtigsten der Stadt. Das unterstreicht die zentrale Lage des Glaskubus-Neubaus auf dem Sachsenplatz. Bis zu dessen Fertigstellung ist im Handelshof interimsmäßig nur ein Extrakt der traditionsreichen, bürgerlichen Sammlung zu sehen: 140 Werke setzen Akzente in der Entwicklung europäischer Malerei. Eilige Besucher sollten sich auf die ausgezeichneten Sonderausstellungen konzentrieren. Die Bestände des Museums umfassen rund 3000 Gemälde plus 55 000 Zeichnungen und druckgrafische Blätter! Einen Schwerpunkt bilden die Werke Lucas Cranachs d. Ä. (Lutherbildnis als Junker Jörg). Die flämische Malerei des 17. Jhs. ist mit Gemälden von Rubens und aus der Rubens-Werkstatt vertreten. Den Weg ins 20. Jh. markieren der Leipziger Künstler Max Klinger sowie Max Liebermann, Lovis Corinth, Oskar Kokoschka und Max Beckmann. Natürlich ist im Bereich der DDR-Kunst die Leipziger Schule vertreten, mit Werken von Mattheuer oder Heisig etwa. Die zeitgenössische Kunst war den Museums-Gründervätern im Leipziger Kunstverein ein Herzensanliegen. 1848 konnten sie im Westflügel der Bürgerschule, auf den Mauern der Moritzbastei, das erste Bildermuseum der Stadt eröffnen. Nach dem Zweiten Weltkrieg war das Museum im ehemaligen Reichsgericht am Simsonplatz untergebracht. Das beansprucht nun wieder Justitia. Öffentliche Führungen, Kunstgespräche, Vorträge im Handelshof. *Di, Do–So 10–18, Mi 13–21.30 Uhr, Grafische Sammlung Mi 13–21 Uhr, Grimmaische Straße 1–7, Eintritt 5 Mark (Dauerausstellung), am 2. So im Monat frei*

Museum in der »Runden Ecke« (108/C2)
Wendegeschichte in Reinkultur. In der Nacht zum 5. Dezember 1989 besetzten engagierte Bürger nach einer Montagsdemonstration das Stasi-Gebäude am Dittrichring und machten der Angstherrschaft des DDR-Ministeriums für Staatssicherheit ein Ende. »Macht und Banalität«

heißt die Ausstellung, die das Bürgerkomitee Leipzig in den nüchternen Amtsstuben des Bürgerüberwachungs-Apparates eröffnete. In einem denkbar desillusionierenden Ambiente bewahren die Dokumente von Bespitzelungen, Akteneinsichten und die Plakate ihren Charakter von »Indizien des Verbrechens«. Wie effektiv die simpelsten Techniken eingesetzt wurden, erschüttert auch Jahre nach der friedlichen Revolution von 1989. Der originale Nachbau einer Zelle politischer Gefangener und Erläuterungen zum Gefängnisalltag lassen die Pein der Betroffenen nur ahnen. *Mi–So 14–18 Uhr, Eintritt frei, Dittrichring 24, Straßenbahn 21, Bus 89, Thomaskirche*

Museum Zum Arabischen Coffe Baum (108/C2)

★ Eines der entzückendsten Fachmuseen Leipzigs und ein Denkmal für die Kaffeesachsen: Bei der hiesigen Vorliebe für den schwarzen Trunk kam es gerade recht, dass nach der Sanierung des traditionsreichen, alten Kaffeehauses (Ausschank seit 1711) das Kaffeemuseum 1999 einzog. Über enge Stiegen gelangen die Besucher ins dritte Stockwerk, wo in heimeligen Räumen die Geschichte des »Türkentranks« Gestalt gewinnt. Höhepunkte sind die originalgetreu nachgebildete orientalische Küche, die Kaffeemühlenschau oder Ritualgegenstände einer Leipziger Freimaurerloge. In der zweiten Etage können die Besucher ausspannen in Wiener, Pariser oder arabischem Café-Ambiente. Gelungene Museums-Melange, ganz im Sinne der ebenfalls hier verewigten Bachschen Kaffeekantate: »Ey, wie schmeckt der Coffee süße...« *Tgl. 10–18 Uhr, Eintritt frei, Kleine Fleischergasse 4, Straßenbahnen 21, 24, 58, Thomaskirche*

Naturkundemuseum (108/C2)

Die Atmosphäre einer höheren Bürgerschule hängt immer noch in den Räumen des klassizistischen Gebäudes von 1838. Eigentlich beherbergt es eine Art Heimatmuseum mit naturkundlichem Einschlag. Die Ur- und Frühgeschichte im Leipziger Raum ist anhand von Fossilien und Schautafeln nachvollziehbar. Leipzig und das Muldental werden als Fluss- und Auenlandschaft dokumentiert. Ungewöhnlich große Sammlung von Tierplastiken. Kribblig: der intakte Bienenstock. Einfallsreiche Sonderausstellungen, die auch im Kurzbesuch zu schaffen sind. *Di–Do 9–18, Fr 9–13, Sa, So 10–16 Uhr, Eintritt 4 Mark, Lortzingstraße 3, alle Straßenbahnlinien zum Goerdelerring*

Sächsisches Apothekenmuseum (108/C3)

Nettes Fachmuseum über der ehemaligen Central-Apotheke, die heute ein Café beherbergt. Historische Apothekengeräte der letzten 150 Jahre. *Di–So 11–17 Uhr, Eintritt 3 Mark, Thomaskirchhof 12, Straßenbahn 21, Bus 89, Thomaskirche*

Schillerhaus (113/E4)

Das Schild trügt: Hier schrieb Schiller 1785 – leider – nicht die Ode »An die Freude«. Er brachte einen ersten Entwurf zu Papier, vollendet hat er sie später in Dresden. Immerhin verbrachte Schiller in dem Dörfchen Gohlis fünf Monate glücklicher Sommerfrische, zu der ein glühender Verehrer eingeladen hatte: Christian Gottfried Körner, seines Zeichens Jurist und Schriftsteller.

Über die Leipziger Zeit, Schillers Freunde und Bekannte sowie die Rolle des Schillervereins im 19. Jh. informiert die schnörkellose Ausstellung. Sie wirkt durch die Atmosphäre des aufwendig und historisch genau restaurierten Bauernhauses von 1711, in dem der Dichter eine Stube im Obergeschoss bewohnte. Neben Manuskriptteilen aus des Dichters Feder (er arbeitete hier am »Don Carlos«) ist auch eine seiner seidenen Herrenwesten zu sehen. Übrigens: Der spätere 1848er Revolutionär Robert Blum gründete jenen Schillerverein mit, der das Häuschen in der Menckestraße als Schiller-Domizil ausmachte. Es gibt öffentliche Führungen und literarisch-musikalische Veranstaltungen. *Di–So 11–18 Uhr, Eintritt 4 Mark, Menckestraße 42, Straßenbahn 6, Menckestraße*

Stadtgeschichtliches Museum (108/C2)

Einen intimeren Anknüpfungspunkt an die Bürgertradition als das Museum im Alten Rathaus gibt es nicht. Das Gebäude wurde 1556 von Hieronymus Lotter errichtet und gilt als eines der schönsten Bauwerke der deutschen Renaissance. Schatzkammer und Rüstkammer, die Ausstellungen zum Musikleben der Stadt im 19. Jh. oder zur Renaissance in Leipzig beleuchten die Geschichte aus immer neuen Blickwinkeln. Unumstrittene Glanzpunkte sind Festsaal und Ratsstube. Der 53 m lange Festsaal gibt noch heute den würdigen Rahmen für repräsentative Veranstaltungen der Stadt. Am Nordende ist die Renaissance-Musikempore erhalten, von der Stadtpfeifer zum Tanz aufspielten. Das Gesamtbild dominieren die Fürstenbilder und Porträts der Leipziger Stadtrichter. In der Ratsstube dahinter spielte sich die Arbeit zwischen Akten und Tintenfass ab. Aus dem Jahr 1592 stammt der kostbare, intarsienverzierte Aktenschrank. Hier hängt das weltbekannte zeitgenössische Bachporträt des sächsischen Hof- und Ratsmalers Elias Gottlob Haussmann. Weitere Ausstellungshöhepunkte sind das großflächige, dreidimensionale Stadtbild von 1823, die Modelle des ursprünglichen Gewandhaussaales und der Alten Oper sowie der Ehering von Martin Luthers Frau Katharina von Bora. Spannende und humorvolle Sonderausstellungen zur Alltagsgeschichte, Führungen und Turmbesteigungen. *Di 14 bis 10, Mi–So 10–18 Uhr, Eintritt 5 Mark, Altes Rathaus, Markt 1, alle Straßenbahnlinien ins Zentrum*

Torhaus Dölitz (124/C2)

Um das malerische Torhaus des Herrensitzes Dölitz wurde in der Völkerschlacht 1813 hart gekämpft. Nur konsequent, dass die Zinnfigurensammlung auf Völkerschlacht und Befreiungskriege einen Schwerpunkt setzt. Die Geschichte der Zinnfigur in Leipzig hat aber mehr als Miniatursoldaten auf Lager. Das zeigen die kunstvoll gegossenen und bepinselten historischen Figuren zur Stadtgeschichte. Heute markiert das Torhaus nicht nur einen Eingang zum Erholungsgebiet agra-Park, es ist auch beliebter Ort für historische Biwaks. *Tgl. 10–17 Uhr, Eintritt 3,50 Mark, Helenenstraße 24, Straßenbahnen: 11, 22, Leinestraße*

Völkerschlachtmuseum Forum 1813 (123/E2)
Am Fuß des beeindruckenden Völkerschlachtdenkmals können Besucher eintauchen in die kriegerische Zeit zwischen Französischer Revolution und Wiener Kongress. Das Museum für Stadtgeschichte hat 350 Objekte in Szene gesetzt: Originale Uniformen, Bücher, Münzen und Medaillen sind zu sehen. Das Schlachtgetümmel gegen Napoleons Heerscharen gewinnt Präsenz in einem 18 qm großen Schaubild, in dem 3600 Zinnfiguren um das Dorf Probstheida »kämpfen«. Schlaglichter fallen auch auf den Alltag abseits von Pulverdampf und Kanonendonner. *April–Okt. tgl. 10–17 Uhr, Nov.–März tgl. 9–16 Uhr, Eintritt 4 Mark, Prager Straße, Straßenbahnen 15, 21, Völkerschlachtdenkmal*

Werkstätten und Museum für Druckkunst (116/C5)
★ Ein Meilenstein in der Geschichte des grafischen Gewerbes. Auf drei Etagen finden Besucher in den Plagwitzer Räumen eine Schriftgießerei, Buchbindergeräte, Hand- und Tiegeldruckpressen sowie verschiedene Zylinderdruckmaschinen und Setzmaschinen, darunter so hochkomplizierte Gebilde wie Typograph und Linotype. Die seltenste der prachtvoll dekorierten Handpressen ist eine englische Paragon von 1832. Es riecht nach Farbe und Maschinenöl, denn hier wird tatsächlich gedruckt. Zu den Besonderheiten der Schriftgießerei gehört ein Satz Hieroglyphen; aus alten Matrizen wie der berühmten Alten Schwabacher (16. Jh.) werden noch heute Bleilettern für den Handsatz gegossen. Für dieses Museum sollten Sie Zeit für eine Führung mitbringen *(10 Mark)*. Wer die Werkstatthallen auf eigene Faust durchstreift, bekommt von den Herren an den Maschinen fachkundig Auskunft. Schnuppern Sie ruhig bei der Leipziger Lichtdruck-Werkstatt rein: Mit Maschinen, die fast so alt sind wie die Technik – rund 130 Jahre –, werden hier Kunstdrucke von außergewöhnlicher Qualität hergestellt. Leipziger Tradition seit 1888. *Mo–Fr 10–17, Sa 10–15 Uhr, Eintritt 5 Mark, Nonnenstraße 38, Straßenbahnen 1, 8, Holbeinstraße; Linie 2, Nonnenstraße*

Zeitgeschichtliches Forum Leipzig (109/D3)
★ Zum 10. Jahrestag der friedlichen Revolution, die in die Wiedervereinigung Deutschlands mündete, öffnete das Zeitgeschichtliche Forum seine Pforten. Es ist Ausstellungs-, Dokumentations- und Informationszentrum und regt zur Auseinandersetzung mit der Nachkriegsgeschichte an. Diktatur und Widerstand sind die Pole, zwischen denen multimedial der Alltag und die politische Historie in Szene gesetzt sind. Zu den stummen Zeitzeugen gehören Teile eines Fluchtautos aus der DDR, der alte Barkas – zum Gefangenentransport missbraucht – und Stücke der Berliner Mauer. *Di–Fr 9–18, Sa, So 10–18 Uhr, Eintritt frei, Grimmaische Straße 6, alle Straßenbahnlinien ins Zentrum*

Gasthaus · Barthels Hof · seit 1497

Wohin gehen wir essen?

Große Konkurrenz unter den historischen Gasthäusern beschert den Besuchern kulinarische Genüsse

Das bekannteste Gericht der Messemetropole ist lange Zeit nicht gerade ein Aushängeschild gewesen. Unter »Leipziger Allerlei« stellen sich viele immer noch eine Dose trüber Gemüsebrühe vor. Das konnten die Leipziger Gastronomen nicht endlos auf sich sitzen lassen. Und seit in der Stadt ein Traditionslokal nach dem anderen wieder eröffnet, zeigen die Köche, dass sie mehr auf der Pfanne haben. So serviert nicht nur Barthels Hof das Allerlei wieder so, wie Feinkosthändlerin Therese Niese es den höheren Töchtern anno 1887 in ihrem Kochbuch empfahl: zubereitet mit frischem Gemüse, Morcheln, gefüllten Krebsnasen und Krebsschwänzen, mit Butter überträufelt und hübsch angerichtet. Die Konkurrenz unter den zahlreichen historischen Gasthäusern sorgt dafür, dass es selbst mitten in der Stadt keine Touristenfallen gibt. Das Preis-Leistungs-Verhältnis stimmt in der Regel. Sogar die Nobel-Restaurants müssen finanziell auf dem Teppich bleiben. Für Traumessen zu Traumpreisen fehlt im Osten Deutschlands noch immer das Publikum mit entsprechendem Geldbeutel.

In Barthels Hof können die Gäste Geschichte schnuppern und Leipziger Allerlei kosten

Als Faustregel für die regionale Küche gilt: Die Sachsen mögen's richtig deftig – oder richtig süß. Rotkraut mit Äpfeln und Klößen wird gern als heimische Küche aufgetischt, die bayerischen und thüringischen Einflüsse sind aber unverkennbar. Fleisch und Wild spielen eine wichtige Rolle. In rustikalen Wirtshäusern können Sie zum Abend ruhig die Schlachtplatte bestellen, vorausgesetzt Sie mögen Blut- und Leberwurst. Letztere wird in der legendären Gohliser Goseschänke sogar heiß serviert – zum Schweinesteak und mit Röstkartoffeln.

Schon als Vorspeise bieten die sächsisch orientierten Lokale Kräftiges: Fettbemmchen (Schmalzbrote) oder eine sämige, fein abgeschmeckte Kartoffelsuppe sind köstlich, lassen aber nicht gerade Platz für das Hauptgericht. Vielleicht gehen die Sachsen deshalb so großzügig mit dem verdauungsanregenden Kümmel um. Den gibt's zu Bratkartoffeln genauso wie in der

Rostbratwurst, und sogar die Gose – ein obergäriges Weißbier mit jahrhundertealter Tradition in Leipzig – bekommt zuweilen eine Kümmelnote.

Apropos Gose: Den Ursprung des Getränks vermutet die Überlieferung im Harz, wo bei Goslar das Flüsschen Gose zu finden ist. Die Leipziger kamen schnell auf den Geschmack des erfrischenden Getränks, nachdem es um 1730 zum ersten Mal in der Eutritzscher Goseschänke angeboten wurde. Heute pilgern die Weißbieranhänger nach Gohlis, und am Bayerischen Bahnhof macht ein Bayer tatsächlich eine Gosenbrauerei auf. Die Reudnitzer Brauerei füllt höchst erfolgreich Bier im herkömmlichen Sinne ab. Würziger schmeckt das Ur-Krostitzer, das rund 20 km nördlich von Leipzig angesetzt wird. Natürlich wird auch Wein zum Essen gereicht. Die Elbwinzer schwören traditionell auf trockene Weine. Meißner Tropfen sind an ihrer erdigen Note zu erkennen. Die Weinbauern im Saale-Unstrut-Tal um Freyburg sind auf leichte, herbe Weine spezialisiert.

Auf den Speisekarten der Messestadt finden sich nur noch wenige Reminiszenzen an die typischen Gerichte vor der deutschen Einheit. Geblieben ist die Soljanka, ein pikanter Gemüseeintopf nach russischem Rezept, der Schopskasalat mit Paprika, Tomaten und Gurken sowie zuweilen die Karlsbader Schnitte, eine Ostversion des Toast Hawaii.

Zeit für den Nachtisch: Wie wäre es mit Leipziger Lerche, einem massiven Marzipantörtchen, das in Auerbachs Keller geeist auf den Tisch kommt? Die leckeren Quarkkeulchen, ein Gebäck aus Kartoffeln, Quark, Rosinen, Zimt und Zucker, werden oft auch als Hauptgang gereicht. Zum Kaffee können Sie Eierschecke probieren.

Ein Wort noch zu dem »Schälchen Heeßen«, das die Kaffee-Sachsen sprichwörtlich gerne genießen. Nicht umsonst steht in Sachsen mit dem Coffe Baum eines der ältesten Kaffeehäuser der Welt, und damals wie heute wird dort ein kräftiges Gebräu ausgeschenkt. Der »Bliemchenkaffee« (so dünn, dass das Dekor im Tassengrund zu sehen ist) bleibt eine böse Mär. Zu einer richtigen Café-Meile hat sich der Thomaskirchhof entwickelt. Umgeben vom Atem der Geschichte, genießen die Gäste im Concerto oder Kandler Kaffeehauskultur. Kandler hat sich übrigens im alten Teehaus eingerichtet und bietet neben Kaffee über sechzig Teesorten an.

Immer mehr Lokale stellen im Sommer Tische und Stühle nach draußen. Der Ausdruck Biergarten bürgert sich erst langsam in Leipzig ein. Hierzulande sagt man Freisitz, und das ist auch praktischer, denn damit können ein Tisch und drei Stühle auf dem Bürgersteig genauso gemeint sein wie ein Biergarten.

Manchmal reicht die Zeit nur für einen Snack zwischendurch. Bratwurststände gibt's in der City an fast jeder Ecke, doch statt sich pommfritisieren zu lassen, haben sich die Sachsen zu einem Döner-Volk entwickelt. Für die internationale Restaurantkultur gilt mittlerweile dasselbe wie in anderen Großstädten: Internationale Vielfalt ist angesagt, im besten Sinne »Leipziger Allerlei«.

MARCO POLO TIPPS FÜR RESTAURANTS UND CAFÉS

1 **Auerbachs Keller**
Dr. Faust lässt grüßen. In den großen Kellergewölben isst man gut und bürgerlich (Seite 50)

2 **Gosenschänke »Ohne Bedenken«**
Traditionsadresse für den Genuss des obergärigen Bieres, »gemiedlich« und sehr beliebt (Seite 52)

3 **Kaffeehaus Riquet**
Klassisches Café mit spitzenbesetzten Damen und opulenten Torten (Seite 48)

4 **Mückenschlößchen**
Ausflugsgaststätte am Rosental mit Gründerzeitambiente (Seite 54)

5 **Thüringer Hof**
Volkstümliche Gastlichkeit in historischen Kreuzgewölben. Tafeln wie zu Luthers Zeiten (Seite 54)

6 **Barthels Hof**
Ob Heubraten oder Madame Pompadours Leidenschaft – allein das Lesen der Speisekarte ist ein Genuss (Seite 50)

BISTROS

Brasserie Augustus **(109/E3)**
Ideal, um den Gewandhaus-Abend bei einem Snack in der benachbarten Brasserie ausklingen zu lassen. Dunkelrotes Mobiliar und opulente Leuchten verströmen 20er-Jahre-Flair. Netter Gag: Ein Monitor bietet Live-Ausblicke von einer Kamera auf dem Dach des ehemaligen Uni-Riesen. Einige Plätze mit Blick auf den Mendebrunnen am Augustusplatz, der ansonsten durch einen Tiefgaragenausgang verstellt wird. Tagsüber ist der Service zuweilen überfordert. *Mo–Fr ab 11, So ab 10 Uhr, Augustusplatz 14, alle Straßenbahnlinien ins Zentrum*

Brasserie Klein Paris **(108/C2)**
Das Bistro ist eine gelungene Mischung aus Frankreich und Sachsen. Freundliche Geschäftigkeit zwischen Fettbemmchen und sächsischem Schweinefilet. Weinkenner haben die Qual der Wahl. *Tgl. ab 11 Uhr, Große Fleischergasse 19, Straßenbahn 21, Bus 89, Thomaskirche*

Kümmelapotheke **(109/D3)**
Das Essen ist hier nicht das Wichtigste, man kann sich auch satt sehen: An der Rotunde der Mädlerpassage liegt dieses kleine Refugium für Bummler. *Mo–Sa 9.30–1, So 15–1 Uhr, Straßenbahnen 5, 8, 11, 13, 21, 28, Leuschnerplatz*

CAFÉS UND EISDIELEN

Café Corsoela **(109/D3)**
Ein traditioneller Ort für die Tortenschlacht. Der Kuchen wird selbst gebacken, und zur Weihnachtszeit ist die Rosinenstolle

ein Muss. Reisegruppen mögen das zentral gelegene Café. Früher kamen auch viele Leipziger Autoren. So sammelte Hildegard Maria Rauchfuss (geb. 1918), mondän vom Hut bis zur Zigarette, hier Eindrücke für ihre Kabarettmonologe. *Mo–Fr 9–18, Sa 10–18, So 14–18 Uhr, Königshauspassage, Markt 7, Straßenbahnen 5, 8, 11, 13, 21, 28, Leuschnerplatz*

Café Paul **(108/C3)**
Im Sommer können die Gäste den Kaffee auf der Terrasse über der freigelegten Pleiße genießen. Während draußen der Platz schnell eng wird, ist drinnen alles großzügig angelegt. Auffällig die poppigen Bilder des Leipziger Künstlers Michael Fischer-Art. Kreativ ist auch das Speisenangebot, von Calamari bis zu Zwiebelringen in Currydip. Auf Spezialangebote zu achten lohnt sich, zum Beispiel Abende mit Menü und Kinofilm. *Tgl. ab 9 Uhr, Otto-Schill-Straße 1, Tel. 211 50 00, Straßenbahnen 5, 8, 13, 21, 58, Karl-Tauchnitz-Straße/Neues Rathaus*

Café Puschkin **(117/F6)**
Vorsicht: Das Puschkin ist kein Kaffeehaus. Szenig angehaucht mit viel studentischem Publikum, das sich an den harten Stühlen nicht stört. Der Clou: Die meisten Tische liegen ein paar Stufen über dem »Erdgeschoss« – super Aussicht durch die Schaufenster auf die Südmeile. Netter Weinkeller und kleine Gerichte. *Tgl. ab 9 Uhr, Karl-Liebknecht-Straße 74, Tel. 391 01 05, Straßenbahnen 11, 24, 28, Karl-Liebknecht-/Kurt-Eisner-Straße*

Café am Zoo **(113/F6)**
Mit einer schwebenden Terrasse über der Parthe. Sie macht das Café attraktiv – für Zoobesucher und Geschäftsleute. Weiterer Pluspunkt: Gute Auswahl an vegetarischen Gerichten. *Tgl. 10–1 Uhr, Pfaffendorfer Straße 26, Straßenbahnen 20, 24, Zoo*

Drogerie-Café **(113/E4)**
Ideal gelegen für einen Sightseeing-Stopp – zwischen Gohliser Schlößchen und Schillerhaus. Kleines Café mit kleinen Leckerein im Erdgeschoss, im Oberstübchen Galerie. Im Winter prasselt ein gemütliches Kaminfeuer im Gastraum. *Tgl. ab 12 Uhr, Schillerweg 36, Straßenbahn 6, Menckestraße*

EisCafé San Remo **(109/D3)**
Direkt unter dem berühmten Fürstenhauserker löffeln die Gäste üppige Eisbecher, bunt verziert und mit frischen Früchten. Richtig lecker. Der Freisitz geht über Eck: In der Nikolaistraße sitzen Sie eher ruhig, auf der Grimmaischen Straße im prallen Leben. *Mo–Sa 9–22, So 12–22 Uhr, alle Straßenbahnlinien ins Zentrum*

Kaffeehaus Riquet **(109/D2)**
★ Klassisches Kaffeehaus im Zeichen des Rüssels: Schon die kupfergetriebenen Elefantenköpfe am Eingang erinnern an die Tradition des Kolonialwarenhauses Riquet & Co. Heute schlürfen Liebhaber Elefantenkaffee mit Likör und genießen den dezentbeflissenen Service der spitzenbesetzten Serviererinnen. Wiener Kaffee mit runden Sitzgruppen im Obergeschoss, Laubenatmosphäre im Weinkeller. *Mo–Sa 9–24, So 9–20 Uhr, Weinkeller 18–24 Uhr, Schuhmachergäßchen 1, alle Straßenbahnlinien ins Zentrum*

Klassisch, kolonial und ein bisschen Wienerisch: das Kaffeehaus Riquet

Milchbar Pinguin **(109/D2)**
Die Einrichtung mit ihren Glastrennwänden wirkt schon wieder überholt, aber die Milchbar ist seit Vorwendezeiten eine beliebte Adresse. Die Serviererinnen sind fix und freundlich, und es gibt reichlich Eis zu fairen Preisen. *Mo–Fr 11–22, Sa 12–22, So 14–21 Uhr, Katharinenstraße 4, alle Straßenbahnlinien ins Zentrum*

Pfeifers Eisdiele **(121/F5)**
Gilt als Leipziger Original. »Bliemchen« auf der Tapete und den Tischdecken, bei Pfeifers scheint die Zeit in den 50ern stehen geblieben. Das Eis ist auch noch nicht so teuer wie anderswo und schmeckt nicht nur den Nachbarskindern. *Mo–Fr 12 bis 18.30, So 13–18 Uhr, Kochstraße 20, Straßenbahnen 11, 28, Arndtstraße*

Zum Arabischen Coffe Baum **(108/C2)**
Seit 1711 genießen hier die Sachsen ihr »Schälchen Heeßen«, und so gilt der Coffe Baum neben dem Pariser Procope als ältestes Kaffeehaus Europas. Lessing war da, Robert Schumann und Richard Wagner kamen gern. Leipzig-Besucher sollten die neuzeitliche Kulturmelange probieren. Über Stiegen und Treppchen erreichen Kaffeegenießer das zierlich ausgestattete, französisch-plüschige Wiener Café – und blicken ins arabische Abteil, in dem sie es sich zum Kaffeeschlürfen auf dem Boden liegend gemütlich machen können. Torten gibt es in großer Auswahl, die Aussicht ins Barfußgässchen ist fein, und wem nach etwas Herzhaftem der Sinn steht, wechselt einfach ins Restaurant Lusatia. *Tgl. 11–19, Restaurant bis 24 Uhr, Kleine Fleischergasse 4, Tel. 961 00 61, Straßenbahn 21, Thomaskirche, Bus 89, Markt*

RESTAURANTS

Kategorie 1: Menü über 50 Mark
Kategorie 2: Menü 30–50 Mark
Kategorie 3: Menü unter 30 Mark
(jeweils ohne Getränke)

Allee **(108/B1)**
Hier regiert der Goldschmied unter den Wirten: Tobias Keuchner fertigt tagsüber Kostbarkeiten für die Vitrinen in seinem Kellerrestaurant, abends werden kulinarische Köstlichkeiten gereicht. Des Schmiedes Glück sind Käse und Wein. Umfangreiche Weinkarte. *Mo–So 18–1 Uhr, Jahnallee 28, Tel. 980 09 47, Straßenbahnen 1–6, 15, 17, 20, 21, 24, 37, Goerdelerring, Kategorie 2*

Apels Garten **(108/B3)**
Vorurteile gegen Eintopf können Sie bei dem dicken Pappmachékameraden am Eingang abgeben: Sächsische Kartoffelsuppe mundet trefflich. Die Einrichtung wirkt ein bisschen angestaubt. Der Restaurantname und die Plastiken Jupiter und Juno im Vorgarten erinnern an den prächtigen Barockgarten des Manufakturisten Andreas Dietrich Apel. Draußen speisen können die Gäste noch heute. *Mo–Sa 11.30 bis 24, So 11.30–15.30 Uhr, Kolonnadenstraße 2, Tel. 960 77 77, Straßenbahn 21, Thomaskirche, Kategorie 2*

Auerbachs Keller **(109/D3)**
★ Die Traditionsgaststätte überhaupt, in der es trotz Touristenrummels immer noch schmeckt. Unsterblich ist die Verbindung Faust/Auberbach. Faust-Gemälde verfolgen den Gast allerorten. Beim Besuch des Goethe-, Luther- oder Fasskellers liegt Magie in der Luft. Nur Mut zur Fasskellerzeremonie (Anmeldung erforderlich) samt Hexenküche

Faustische Tradition, bürgerliches Essen: der legendäre Auerbachs Keller

und Verjüngungstrunk! Tagsüber tafelt man sehr anständig im großen Kellergewölbe, egal ob man sich für Entenbrust oder sächsische Zwiebelsuppe entscheidet. *Tgl. 11.30–24 Uhr, Historische Weinstuben Mo–Sa 18–24 Uhr, Mädlerpassage, Grimmaische Straße 2–4, Tel. 216 10-0, alle Straßenbahnlinien ins Zentrum, Kategorie 2*

Avocado **(117/F6)**
Vegetarische Küche, knackig frische Atmosphäre verbreitet schon der Anstrich. Die freudige Erwartung wird nicht enttäuscht: Der Koch stellt sich als kreativer Geist mit Sinn für Exotik heraus. Blumenkohl mit Kokosnuss-Chutney beispielsweise ist eine echte Alternative zu Rotkohl mit Gulasch. Natürlich ist die Avocado das A und O der Restaurant-Philosophie. *Mo–Do 16–1, Fr u. Sa 16–2, So 11–1 Uhr, Karl-Liebknecht-Straße 79, Tel. 301 15 75, Straßenbahnen 11, 28, Karl-Liebknecht-/ Kurt-Eisner-Straße, Kategorie 3*

Barthels Hof **(108/C2)**
★ Bringen Sie Zeit zum Lesen mit. Im »historischen Gasthaus seit 1497« spricht aus jeder Zeile der Karte Stolz auf die sächsische Küche. Die ist spielerisch und einfallsreich aufbereitet: Hinter »Madame Pompadours Leidenschaft«, dem »Heubraten« oder der »Burggrabenschlemmerei« stecken herzhafte Überraschungen. Einkehrer wählen zwischen der Speisestube, der Weinschänke und dem gemütlichen Zechgewölbe. Im Sommer bietet sich der Freisitz an. *Tgl. 7–24 Uhr, Hainstraße 1, Tel. 14 13 10, alle Straßenbahnlinien ins Zentrum, Kategorie 2*

Bourbon Street **(108/C2)**
Um die Tische drängen sich die Kneipengäste, über die Großbild-Videoleinwand flimmert Sport – von dem Gewimmel bleibt die Bedienung völlig unbeeindruckt. So landen heiß und sicher Spare Ribs und Südstaatengerichte auf dem Tisch. Nach dem Essen bleibt mancher an den Cocktails hängen. *Tgl. 17–2 Uhr, Große Fleischergasse 21, Tel. 211 62 05, alle Straßenbahnlinien ins Zentrum, Kategorie 2*

Brauhaus am Thomaskirchhof **(108/C3)**
Mausert sich zum schönsten Freisitz in der City: Direkt an der Grünfläche vor der Thomaskirche kann das feinherbe Gebräu genossen werden, das in den funkelnden Kesseln des Hauses angesetzt wird. Im urigen und großräumigen Gasthaus gibt es auch italienische Gerichte. *Tgl. 11–24 Uhr, Thomaskirchhof 3–5, Tel. 212 61 10, Straßenbahnen 21, Bus 89, Thomaskirchhof, Kategorie 3*

Da Vito **(116/C4)**
In einem schönen Innenhof an der Elster gelegen, mit eigener Anlegestelle und Gondel, empfiehlt sich das Restaurant mit Freisitz für einen Besuch zu zweit. Exklusive Lage, gute Küche, und Vito Signorello erkundigt sich persönlich, ob die Gäste zufrieden sind. *Sa–Do 11.30–14.30, 18–23, Fr 18–24 Uhr, Nonnenstraße 11b, Tel. 480 26 26, Straßenbahnen 2, Nonnenstraße, Kategorie 2*

Don Giovanni **(116/A2)**
Tavernenstimmung im Tropfkerzenlicht. Hinter der Glastheke lässt sich der Koch in die Pfanne gucken. Alles molto italiano, früh am Abend ist das Restaurant beliebt bei Familien, später turteln die Pärchen. *Tgl. 12–24 Uhr, Schwartzestraße 1, Tel. 401 10 20, Straßenbahnen 1, 3, 4, 8, 31, Adler, Kategorie 3*

Dr. Schrebers Kneipe **(117/E3)**
In dem turmgekrönten Fachwerkbau, einem Kleingarten-Vereinshaus von 1896, steckt diese urgemütliche Kneipe. Der Blick auf die Kreidetafel mit den Tagesangeboten lohnt sich. Rundherum erstreckt sich die älteste Kleingartenanlage der Stadt aus der Mitte des 19. Jhs. Superschöner, großer Biergarten. *Tgl. 11–24 Uhr, Aachener Straße 7, Tel. 211 33 72, Straßenbahnen 1, 2, 8, 31, Marschnerstraße, Kategorie 3*

Eckstein **(108/C6)**
Zum Mittagessen zwischendurch genauso gut wie zum ungezwungenen Abendessen. Service und Gerichte sind für die recht moderaten Preise überdurchschnittlich. Französisches Ambiente auf zwei Etagen. Im Sommer liebevoll gestalteter Freisitz, in den allerdings immer noch der Lkw-Lärm umliegender Hauptstraßen hineinschallt. *Tgl. 11–24 Uhr, Münzgasse 28, Tel. 961 10 24, Straßenbahnen 11, 28, Hohe Straße, Kategorie 2*

Flying Cangaroo **(116/C5)**
Australisch auch ohne Crocodile Dundee: In der ehemaligen Färberei der Buntgarnwerke werden Känguruschwanzsuppe, Straußen- und Krokodilsteak serviert. Mit Freisitz. *Mo–Sa 11–2, So ab 17 Uhr, Nonnenstraße 17–21, Tel. 477 15 70, Straßenbahn 2, Nonnenstraße; 1, 8, 31, Holbeinstraße, Kategorie 2*

Forsthaus Raschwitz **(124/A4)**
Mehr als ein Jahrhundert Tradition verpflichtet. Das Gesamtbild ist herrschaftlich, die Speisen sind erlesen. Die Preise auch. Ein lukullisches Vergnügen mit Stil. Ausflügler lieben den Biergarten, in dem es auch mal Schweinshaxe vom Grill gibt. *Tgl. 11–24 Uhr, Koburger Straße 31 (Markkleeberg), Tel. 35 68 88 12, Straßenbahnen 28, 58, Forsthaus Raschwitz, Kategorie 1*

Gasthaus des Meeres **(108/C1)**
Plastikfische, Aquarien und Zeugs vom Kutter – das sieht nach Seemannsgarn aus. Doch die Karte hält, was die Deko verspricht: Labskaus, Austern, Hummer und mehr. Ein Stück Küste mit mehr als 30-jähriger Tradition im kontinentalen Leipzig. *Mo–Sa 11.30–24, So 11.30–16 Uhr, Pfaffendorfer Straße 1, Tel. 960 35 35, Straßenbahnen 1–6, 15, 17, 20, 21, 24, 37, Goerdelerring, Kategorie 2*

Gosenschenke »Ohne Bedenken« **(113/E5)**
★ Hier füllt Gose die Gläser. Das obergärige Getränk wird seit 1740 in der Pleißestadt ausgeschenkt. Es erinnert an die Berliner Weiße und wird mit Sirup oder Likör (manche mögen's gar mit Kümmel) gemischt. Das Essen dazu ist deftig, die Einrichtung im rustikalen 20er-Jahre-Stil. Im Sommer trifft man sich im Biergarten unter alten Bäumen. Obwohl Einheimische und Touristen weiter in Scharen strömen, munkeln böse Zungen, der Ruf habe die Qualität des Lokals längst überholt. *Tgl. 17.30–1.30, Biergarten 12–24 Uhr, Menckestraße 5, Tel. 566 23 60, Straßenbahnen 20, 24, Friedrich-Seger-Straße, Kategorie 2*

Kartoffelsack **(U/C2)**
Wer die Kneipe gefunden hat, wird mit viel Gastfreundschaft und einer absolut originellen Umgebung belohnt. Der Besucher landet in Omas Wohnstube, Uromas Bett ist auch nicht weit. Die Knollengerichte sind ehrlich und lecker. *Mo–Fr ab 16, Sa u. So ab 11 Uhr, Möckernscher Weg 1, Kleingärten zu Wiederitzsch, Tel. 0341/521 42 77, Straßenbahn 6, Landsberger Straße, Kategorie 3*

Kim **(109/D1)**
Chinesisch, koreanisch und japanisch, das ist doch Jacke wie Hose? Unbedingt bei Ki-Sook Kim eines Besseren belehren lassen! Die Küche ist so ausgezeichnet wie ihr Ruf, das Ambiente hingegen sehr schlicht. *Mo–Sa 11–24 Uhr, Richard-Wagner-Straße 1, Tel. 211 51 20, alle Straßenbahnlinien ins Zentrum, Kategorie 1*

La Mirabelle **(114/A5)**
Kellerrestaurant und Galerie. Das Mirabelle zieht nicht nur wegen seiner Ausstellungen die Künstler an. Es hat ein unverwechselbar französisches Flair. Geeignet für kleine Fluchten samt Crêpes, Café au lait und Pernod. *Tgl. 11.30–24, Sa u. So 17.30–24 Uhr, Gohliser Straße 11, Tel. 590 29 81, Straßenbahnen 20, 24, Nordplatz, Kategorie 2*

Landgasthof Podelwitz **(U/C2)**
Edel-Rustikus, der sich als Tipp rumgesprochen hat. Nicht umsonst: Die Küche bringt Essen gut und reichlich in die ländliche Gaststube. Im Sommer mit Freisitz. *Mi–Fr 16–23, Sa 11–24, So 11–23 Uhr, Wiederitzscher Straße 2–5 (Podelwitz), B 184, Tel. 034294/82 40, Kategorie 2*

Gourmet-Tempel von Leipzig

Restaurant Am Wasserschloss im Lindner Hotel (116/A-B1)
Sei es das sonntägliche Brunchbuffet oder das Menü bei Kerzenschein, die Köche beweisen besonders bei den Fleischgerichten Perfektion. Kühle Eleganz prägt die Atmosphäre im vorderen Restaurantteil. Reservieren Sie einen Tisch an der Gartenseite! Im Sommer können Sie auf der wunderbaren Terrasse sitzen. Am schönsten ist es, wenn Sie sich mit dem Taxi vorfahren lassen. Menü circa 80 Mark. *Tgl. 6.30–24 Uhr, Hans-Driesch-Straße 27, Tel. 447 84 86*

Restaurant Brühl im Hotel Inter Continental (109/D1)
Das großzügige, elegante Restaurant steht nicht nur bei Geschäftsleuten hoch im Kurs. Die gleichmäßige Klimatisierung stellt sicher, dass Sie auf keinen Fall die Fasson verlieren. Der Genuss fängt bei der Karte an, die eine Auswahl von Pasta über Pesto bis zu Hummer oder Filet bietet. Auch Vegetarier brauchen nicht zu darben. Menü 80–100 Mark. *Tgl. 6.30–10.30 Uhr, 12 bis 15 Uhr, 18–24 Uhr, Gerberstraße 15, Tel. 988 10 76, alle Straßenbahnlinien zum Hauptbahnhof*

Gohliser Schlößchen (113/E5)
Nouvelle Cuisine im Rokoko-Landpalais des Kaufmanns Johann Caspar Richter. Ein Besuch im Steinsaalrestaurant ist ein Erlebnis für alle Sinne. Die Kellnerinnen rascheln in Barock-Kostümen durch den Saal. Menü circa 80 Mark. *Tgl. ab 12 Uhr, Menckestraße 23, Tel. 585 56 10, Straßenbahn 6, Menckestraße*

Kaiser Maximilian (109/D3)
Das städtische Kaufhaus gibt die Kulisse, beeindruckend ist der Lichthof, in dem sich die lange Bar und sorgfältig eingedeckte Tische finden. Gut für ein gehobenes Mittagsmenü, wechselnde Karte. Hauptgang 30–40 Mark. *Mo–Sa 11.30–1, So Brunch ab 11 Uhr, Neumarkt 9–19, Tel. 998 69 00, alle Straßenbahnlinien ins Zentrum*

Ristorante Italiano Medici (109/D2)
Eleganz prägt den kleinen Gastraum und die Empore. Probieren Sie die Antipasti! Sehr aufmerksame Bedienung, für einen gemütlichen Abend sind die Kellner allerdings ein wenig zu oft zur Stelle. Menü circa 70 Mark. *Mo–Sa 12–14.30, 18–1 Uhr, Nikolaikirchhof 5, Tel. 211 38 78, alle Straßenbahnlinien ins Zentrum*

Stadtpfeiffer (109/E3)
Konservatives Restaurant mit exklusiver Aura im Gewandhaus. Viele Auszeichnungen bezeugen die kulinarische Qualität der Küche. Große Weinkarte und zuvorkommender Service. Menü circa 60 Mark. *Mo–Sa 12–24 Uhr, Augustusplatz 8, Tel. 960 51 86, alle Straßenbahnlinien ins Zentrum*

Le Cochon **(109/E1)**
Durch und durch französisch: angeregte Gespräche, forsches Personal und eine sehr gute Küche – egal ob Lamm oder Auflauf. Gute Weine, Vorbestellen lohnt sich. *Tgl. 18–24 Uhr, Rosa-Luxemburg-Straße 4, Tel. 961 77 25, Straßenbahnen 8, 38, Wintergartenstraße/Hauptbahnhof, Kategorie 2*

Maha-Radscha **(121/F1)**
Indien ganz nah: Die Kellner in Nationaltracht geleiten den Gast in den geschnitzten Teakholz-Pavillon. Dann gehen die Geschmacksnerven auf exotische Expedition. Königlicher Genuss. *Di–So 11.30–14.30, 17.30–0.30 Uhr, Karl-Liebknecht-Straße 112, Tel. 302 90 22, Straßenbahnen 11, 22, 24, 28, Karl-Liebknecht-/Richard-Lehmann-Straße, Kategorie 2*

Mückenschlößchen **(113/D6)**
★ ⊛ Die Gaststätte am Rosental ist seit Jahr und Tag ein begehrtes Ausflugsziel für Jung und Alt. Verträumte Nischen gibt's hier nicht, trotzdem wirkt der große Gastraum unter der holzgetäfelten Decke gemütlich. Wirt Lutz Albrecht zelebriert solide Gastlichkeit mit bayerischem Einschlag, für den Biergartenbesuch am Elstermühlgraben das Mückengel nicht vergessen! *Tgl. 11.30–24 Uhr, Waldstraße 86, Tel. 983 20 51, Straßenbahn 6, Am Mückenschlößchen, Kategorie 2*

Mytropolis **(113/E4)**
Das Drumherum ist schnörkellos. Das stört die Besucher wenig, denn vom Zaziki bis zum zarten Lamm ist das griechische Essen hervorragend. Angenehm untypisch: bezwingbare Mengen. Mit Freisitz. *Tgl. 11.30–14.30 Uhr, Möckernsche Straße 1, Tel. 566 27 42, Straßenbahn 6, Menckestraße, Kategorie 2*

Paulaner Palais **(108/C3)**
Bajuwarisches in gewohnter Qualität, ansprechend präsentiert in dem restaurierten Ensemble in der Klostergasse. Empfehlenswert ist das sonntägliche Brunch-Buffet. Im Sommer mit Freisitz. *Tgl. 11–24 Uhr, Klostergasse 3–5, Tel. 211 31 15, alle Straßenbahnlinien ins Zentrum, Kategorie 2*

Steakhouse Escados **(108/C4)**
Nicht nur Banker zieht es in das elegante Souterrain des klassizistischen Deutschen Bankgebäudes. Reueloser Fleischgenuss unter Zimmerpalmen. *So–Do 11 bis 0.30, Fr u. Sa 11–1 Uhr, Martin-Luther-Ring 2, Tel. 960 71 27, Straßenbahnen 5, 8, 11, 13, 21, 28, Leuschnerplatz, Kategorie 2*

Steak-House Piccolo **(108/A1)**
Riesige Auswahl an Steaks. Guter Standard in angenehmer Rattanmöblierung. *Tgl. 12–24 Uhr, Gustav-Adolf-Straße 17, Tel. 980 01 96, Straßenbahnen 6, 15, 17, 37, Leibnitzstraße, Kategorie 2*

Thüringer Hof **(108/C3)**
★ Tafeln wie Luther in den Kreuzgewölben des volkstümlichen Gasthauses. Im Sommer kann man draußen Platz nehmen. 1466 wird der Gasthof erstmals erwähnt, 1838 bekommt er seinen heutigen Namen. Um 1890 ist der Thüringer Hof so bekannt wie das Münchner Hofbräuhaus. Im Zweiten Weltkrieg zerstört, 1993 komplett abgetragen und nach alten Plänen ein paar Steinwürfe entfernt rekonstruiert. Die richtige Adresse für

Die Marco Polo Bitte

Marco Polo war der erste Weltreisende. Er reiste in friedlicher Absicht, verband Ost und West. Er wollte die Welt entdecken, fremde Kulturen kennen lernen, nicht zerstören. Könnte er heute für uns Reisende nicht Vorbild sein? Aufgeschlossen und friedlich sollte unsere Haltung auf Reisen sein. Dazu gehören auch Respekt vor Mensch und Tier und die Bewahrung der Umwelt.

Kraut und Klöße. *Tgl. 11–24 Uhr, Burgstraße 19, Tel. 994 49 99, alle Straßenbahnlinien ins Zentrum, Kategorie 2*

Tulamahasch **(116/C4)**
Kellerrestaurant, in dem man leckere afrikanische Spezialitäten serviert bekommt. Zuweilen mit Live-Musik. *Tgl. ab 18 Uhr, Nonnenstraße 17, Tel. 479 50 17, Straßenbahnen 1, 8, Holbeinstraße; 2, Nonnenstraße, Kategorie 2*

Varadero **(108/C2)**
Irgendwo zwischen kubanischer Bar und gehoben exotischer Schnellgastronomie. *Mo 17.30 bis 24, Di–So 11.30–24 Uhr, Barfußgässchen 8, Tel. 960 09 26, alle Straßenbahnlinien ins Zentrum, Kategorie 2*

Weinstock **(108/C2)**
Dezente Weinlaubenatmosphäre in Grün und Rubinrot. Winzer und Gourmetkoch Wolfgang Dubs dürfen Sie sich bedingungslos anvertrauen, der Gast wird liebevoll umsorgt. *Tgl. 11–2 Uhr, Markt 7, Tel. 12 06 06 06, alle Straßenbahnlinien ins Zentrum, Kategorie 1*

Zill's Tunnel **(108/C2)**
Eine Renovierung ist angekündigt. Rufen Sie also vorher an, ob Sie die Hausmannskost à la carte genießen können: Seit 1841 behauptet sich das Gasthaus mit diesem Rezept an dieser Stelle. Die Gerichte sind einfach lecker, das Lokal hüllt sich in heimelige Düsternis. *Tgl. 11.30–24 Uhr, Barfußgäßchen 9, Tel. 960 20 78, alle Straßenbahnlinien ins Zentrum, Kategorie 2*

Zum Sonnenhof **(116/C4)**
Prächtige Holztäfelungen und -schnitzereien prägen den Gastraum, von außen fällt das Haus durch seine Zinnen und Türmchen auf. 1888 öffnete der Sonnenhof erstmals seine Tore. Hier wird gekonnt gehobene Küche serviert. Schöner Biergarten. *Tgl. 11.30–1, Sa 17.30–1 Uhr, Weißenfelser Straße 15, Tel. 480 67 52, Straßenbahnen 2, 3, 4, Felsenkeller, Kategorie 2*

Zur Neuberin **(108/C1)**
So schmal kann ein Gasthaus sein! Weinstube und uriges Restaurant auf vier Etagen. In dem Fachwerkhaus von 1497 unterhielt einst die Schauspieltruppe der Caroline Neuber (1697 bis 1760) das Volk. Die Neuberin machte in Leipzig Theatergeschichte: Sie verbannte den Hanswurst von der Bühne. *Mo–Sa 17–1 Uhr, Große Fleischergasse 2, Tel. 960 43 79, Straßenbahnen 1–6, 15, 17, 20, 21, 24, 37, Goerdelerring, Kategorie 2*

Antiquitäten
Bier

Shopping mit Pfiff

Mit flachen Schuhen und Entdeckerfreude zu Galerien, Modedesignern, Buchhandlungen und Schnäppchenläden

In Leipzig gibt es nicht *die* Einkaufsstraße. Aber weniger ist mehr. Kleine Läden, Boutiquen und Fachgeschäfte verteilen sich über die ganze Innenstadt – und die Baustellen signalisieren: Hier tut sich was, denn mit jedem frisch entkernten und gelifteten Messehof, mit jeder sanierten Passage gewinnt die City ein architektonisches Juwel zurück – und eine »Einkaufsmeile« dazu.

Gerammelt voll ist es in der City an den vier verkaufsoffenen Sonntagen im Jahr, den Schlussverkauf begehen die Leipziger dagegen längst nicht so exzessiv, wie das in vielen Städten der alten Bundesländer üblich ist. Zu jeder Zeit gilt: Mit flachen Schuhen und Entdeckergeist kommen Sie am weitesten. Am besten lassen Sie sich treiben, bewundern die exklusiven Auslagen in der Mädlerpassage oder suchen das Buch des Jahrhunderts im traditionsreichen Specks Hof. Jeder alte Messehof hat seinen eigenen Stil, entwickelt mit Cafés, Buchhandlungen oder Galerien ein eigenes Flair, und zuweilen weht hier tatsächlich ein Hauch von Mailand und Paris.

Es gibt sie noch: Zwischen trendy Läden laden Leipzigs Antiquitätengeschäfte zum Stöbern ein

Davon bekamen auch die Vermarkter von Designermode Wind und bescherten Leipzig im ältesten Messehof, im Städtischen Kaufhaus, das erste innerstädtische Factory Outlet Center Deutschlands. Im Zentral Messehofpalast lockt ein riesiges Sportkaufhaus samt haushohem Kletterfelsen. Und seit die Hainstraße mit ihren Modeläden und die Nikolaistraße als Achse zum Hauptbahnhof Fußgängerzonen sind, macht das Bummeln auch dort doppelt Spaß. Zudem lässt sich der Hauptbahnhof in den Einkaufsbummel einbeziehen. Viele Geschäfte lassen hier erst um 22 Uhr die Rollläden runter, und das Auto steht in beiden Bahnhofsparkhäusern sicher und günstig.

Auch ein Souvenir aus der Messemetropole lässt sich finden. Wie wär's mit einem Kaffee-Pott zu Ehren der Kaffeesachsen? Den gibt's bei Kaffee Richter, einem eleganten Traditionshaus (seit 1879) in der Petersstraße. Hier können Sie außerdem Goethe-Weinbrand und »Leipziger Bachpfeiffen« kaufen, eine süße Köstlichkeit mit Kaffeecrème, die sich zwei findige Gewandhausmusiker patentieren ließen. Im Thomasshop vor der Thomaskirche gibt es noch mehr Bach-Devotionalien. Alles was gedruckt ist zum Thema Leipzig, hält der Leipzig-Laden No. 1 in den Rathaus-Arkaden bereit. Wer außergewöhnliches Kunsthandwerk bevorzugt, findet das im Souvenirladen des Grassimuseums. Kleine Zinnsoldaten in Erinnerung an die Völkerschlacht stehen in Auerbachs Keller auf dem Andenkentisch. Gut macht sich auch ein Stück DDR-Alltagskultur: Die roten und grünen Ampelmännchen sind allerliebst!

ACCESSOIRES

Kunth-Hüte (109/D2)
Für jeden Kopf einen Deckel: Stilsichere Typberatung vom Modistenmeister mit netten Anmerkungen rund ums Thema Hut. *Strohsack-Passage, Nikolaistraße 6–10, alle Straßenbahnlinien ins Zentrum, Augustusplatz, Bus 89, Nikolaikirche*

Krawatten-Eck (109/B2)
Hier gibt's das Herren-Anhängsel gediegen, als Kunstobjekt und in Spezialanfertigungen nach eigenem Gusto. *Specks Hof, Schuhmachergäßchen, alle Straßenbahnlinien ins Zentrum, Augustusplatz, Bus 89, Nikolaikirche*

Schmuckwerk Hübener (109/D3)
In der grauen Passage leicht zu übersehen sind Barbara Hübeners silberne Glanzstücke: jung, originell und made in Leipzig. *Messehofpassage 19, Mo–Fr 10.30 bis 19, Sa 10.30–16 Uhr, Straßenbahnen 5, 8, 11, 13, 21, 28, Leuschnerplatz*

ANTIQUITÄTEN/ANTIQUARIATE

Antik Style (109/D2)
Man schlängelt sich um Löwen fürs Foyer, Kuriositäten und edle Stücke – nicht immer alt, aber immer mit Patina. *Am Brühl 64–66, alle Straßenbahnlinien ins Zentrum, Hauptbahnhof*

Antiquitäten Am Schauspielhaus (108/B3)
Eine gute Adresse zum Stöbern: der Glanz von gestern in Gemälden, Möbeln, Büchern, Porzellan und Kleinkram. Trotzdem fürs Handwerk nicht zu fein: »Wir reparieren Stuhlgeflechte«. *Gottschedstraße 9, Straßenbahnen 1, 2, 31, Gottschedstraße*

Galerie Mädlerpassage (109/D3)
Schöne, kleine Möbel-Ensembles, großzügig inszeniert. Nett als Andenken sind alte Leipzig-Bücher und historische Postkarten. *Mädlerpassage, Straßenbahnen 5, 8, 11, 13, 21, 28, Leuschnerplatz*

Grafikantiquariat Koenitz (109/D3)
Edel arrangiert: Originalgrafik aus fünf Jahrhunderten, Ortsansichten, Künstlergrafik aus der Zeit 16. bis 20. Jh. *Markt 1 (Rathaus-Arkaden), Mo–Fr 10–19, Sa 10–15 Uhr, Straßenbahnen 5, 8, 11, 13, 21, 28, Leuschnerplatz*

Leipziger Antiquariat (109/D2)
★ Buchkunst der DDR, präsentiert in historischem Haus (Rotes Kolleg, 1891/92), umgeben von frisch renovierter Gediegenheit. *Ritterstraße 16, alle Straßenbahnlinien ins Zentrum, Augustusplatz, Bus 89, Nikolaikirche*

Prüfer An- und Verkauf (117/F5)
Klein und nostalgisch ist dieser Antikladen. Omas Waschschüsseln gleich neben dem Tafelsilber. *Karl-Liebknecht-Straße 53, Straßenbahnen 11, 28, Arndtstraße; Möbellager am Bayerischen Bahnhof, Bay-*

rischer Platz **(109/E6)**, *Mo 11–13, 14–18 Uhr, Straßenbahnen 2, 5, 16, 21, Bayrischer Platz*

Sächsisches Auktionshaus und Antiquariat (108/C2)
Kein Geheimtipp, dafür gut sortiert und mit dem Ambiente einer alten Bibliothek. Und viele, viele Bändchen aus dem Insel-Verlag. *Markt 1 (Rathaus-Arkaden), Straßenbahnen 5, 8, 11, 13, 21, 28, Leuschnerplatz, Bus 89, Markt*

BOUTIQUEN/DESIGNERMODE

Bernd Berger (116/B5)
Abendkleid oder Jeans-Schnäppchen? In ansprechender Umgebung gibt's Mode, so weit das Auge reicht. »Er« kann mitkommen. Fabrikverkauf. *Zschochersche Straße 79a, Mo–Fr 13–20, Sa 10–16 Uhr, Straßenbahnen 3, 4, Markranstädter Straße*

Clamotti (109/D2)
Hier ist man gleich per du, und so persönlich wie die Beratung ist auch die freche Mode aus Berlin. Eben »Kleider für Weiber«. *Nikolaistraße 10, alle Straßenbahnlinien ins Zentrum, Augustusplatz, Bus 89, Nikolaikirche*

Culton M (108/C5)
Einkaufen wie unter Freundinnen. Statt »rein und raus aus den Klamotten«, kann die Kundin das Lieblingsteil in spe auf der Couch einsitzen und plaudern. *Peterssteinweg 7, Mo–Fr 11–19, Sa 10–14 Uhr, Straßenbahnen 5, 8, 11, 13, 21, 28, Leuschnerplatz*

Designer Outlet Center/ Städtisches Kaufhaus (109/D3)
★ In Leipzigs prachtvollem, ältestem Messehaus hat sich das

Designermode hinter der barocken Fassade eines alten Messehauses

erste innerstädtische D.O.C. Deutschlands eingemietet. Erhöhte Schnäppchengefahr für Markenfreaks mit gut gefüllter Brieftasche: Kreationen von Gant, Etro oder Stone Island gibt's zu Fabrikverkaufspreisen. Kühles Understatement in historischer Kulisse, unbedingt sehenswert. *Neumarkt 9–19, Straßenbahnen 5, 8, 11, 13, 21, 28, Leuschnerplatz*

Kokaii (108/C2)
Fähnchen und Glamour in bewährtem Stil. Auf massiven Tischen findet sich zierliches Zubehör von Kokaii Maison. *Barfußgässchen, Straßenbahn 21, Bus 89, Thomaskirche*

Modekiste (109/D3)
Auf den ersten Blick unspektakulär. Auf den zweiten ansprechende Businessmode mit witzi-

gen Einzelstücken. *Reichsstraße 2, Straßenbahnen 5, 8, 11, 13, 21, 28, Leuschnerplatz*

Skoruppa **(109/D 6)**
Etwas abseits, aber der Weg lohnt: Gehobener Chic, edel präsentiert, nicht überkandidelt. Praktisch: Zwei Läden weiter bietet Skoruppa passende Nobeltreter aus Bella Italia. *Karl-Liebknecht-Straße 1, Straßenbahnen 11, 28, Hohe Straße*

Tayler **(117/F 5)**
Junge Mode, flippige und tragbare Stücke. *Karl-Liebknecht-Straße 77, Straßenbahnen 11, 28, Arndtstraße*

BUCHHANDLUNGEN

Buchhandlung an der Thomaskirche **(108/C3)**
In dem Laden der Evangelischen Verlagsanstalt liegt nicht nur Theologisches, sondern vor allem gute, schöne Literatur und entzückende Kinderbücher. *Burgstraße 1–5, Straßenbahn 21, Bus 89, Thomaskirche*

Connewitzer Verlagsbuchhandlung **(109/D2)**
★ Leipziger Legende: Mit Verkaufstischen fing Jungverleger Peter Hinke 1990 im alternativen Connewitz an. Lesungen bekannter Autoren brachten die »Connewitzer« in aller Munde, und mutige Editionen von Fotobänden über Lyrik bis zu Mundartliteratur verschafften ihr den vorzüglichen Ruf. Alternativ ist heute wirklich nur noch das Programm. *Specks Hof, Schuhmachergässchen, alle Straßenbahnlinien ins Zentrum, Augustusplatz, Bus 89, Nikolaikirche*

flipper Kunst/Buch **(108/C5)**
Breites Sortiment in lichtem Bau. Alles über Fotografie, Malerei, Design. Auch Angebote für schmalere Börsen. *Beethovenstraße 1, Straßenbahnen 5, 8, 11, 13, 21, 28, Leuschnerplatz*

Leipzig-Laden No. 1 **(109/D2)**
★ Wer noch Wissenslücken in Sachen Leipzig und Sachsen hat, kann sie in der Verlagsbuchhandlung Bachmann schließen. Als Mitbringsel eignet sich ein Klassiker in Daumengröße. *Markt 1 (Rathaus-Arkaden), Straßenbahnen 5, 8, 11, 13, 21, 28, Leuschnerplatz, Bus 89, Markt*

GALERIEN

Dogenhaus-Galerie **(108/C5)**
★ Schon das Gebäude scheint Kunstobjekt: Wie ein Bug ragt die Glasspitze des Neubaus ins Verkehrsgetümmel. Drinnen herrscht Ruhe, um Jochen Hempels Auswahl zeitgenössischer Kunst zu erleben. *Beethovenstraße 1, Di–Fr 13–17 Uhr, Straßenbahnen 5, 8, 11, 13, 21, 28, Leuschnerplatz*

Galerie am Sachsenplatz **(109/D2)**
Die Traditionsadresse: Der Maler und Grafiker Bernhard Heisig brachte 1973 die Galerie mit auf den Weg. Seitdem ein Forum für die Moderne: Leipziger Schule, Bauhaus und Leipziger Kunst aller Generationen. *Katharinenstraße 11, Di, Mi, Fr 13–18, Do 13–20, Sa 11–17 Uhr, alle Straßenbahnlinien ins Zentrum, Goerdelerring*

Galerie Eigen+Art **(108/B5)**
Gerd Harry Lybke ist der Paradiesvogel unter den Leipziger Galeristen: Mit seinem Gespür für das Außergewöhnliche in der

zeitgenössischen Kunst macht er von sich reden. *Ferdinand-Rhode-Straße 14, Di–Fr 12–16, Sa 11–14 Uhr, Straßenbahnen 5, 8, 13, 58, Karl-Tauchnitz-Straße/Neues Rathaus*

Graphikangebot Müller (109/D2)
Bärbel Müller holt hiesige Größen genauso gern ins Haus wie internationale Jungtalente. Die Arbeiten sind auch in ihrer Galerie in Großpösna zu sehen *(Grimmaische Straße 7, Di–Fr 10–13, 15–20, Sa 10–13, So 13–16 Uhr)*. Mit ein bisschen Glück können Besucher dort einen Blick in die Werkstatt ihres Mannes werfen, der das selten gewordene Handwerk des künstlerischen Steindrucks kultiviert *(Damaschkestraße 47, Großpösna). Löhrs Carré, Humboldtstraße 23, Mi 16–20 Uhr, alle Straßenbahnlinien ins Zentrum, Goerdelerring*

Projektgalerie Elsterpark (116/C5)
Ausgewählte internationale Talente stellen in dem kleinen, turmhohen Raum aus. *Nonnenstraße 42a, Di–Fr 13–17 Uhr, Straßenbahnen 2, Busse 72, 73, Nonnenstraße*

GESCHENKE/WOHNACCESOIRES

A Priori (108/B2)
★ Alessi paletti. Gepflegtes Zusammenspiel von chromglänzendem Kochbeiwerk, viel versprechenden Weinen und distinguierten Gartenmöbeln. *Gottschedstraße 12, Straßenbahnen 1, 2, 31, Gottschedstraße*

Bad und Präsente (109/D1)
Für Leute, denen das Badezimmer so lieb ist wie das Wohnzimmer. Hingucker sind poppige Miniskulpturen aus europäischen Ländern. *Brühl 38, Brühlarkaden, alle Straßenbahnlinien ins Zentrum, Hauptbahnhof*

Culton (108/C5)
Fundgrube für witzige Geschenke, hier leuchten die ostdeutschen Ampelmännchen aus dem Regal. Wer außerdem Mitbringsel gern ungewöhnlich verpackt und Edles aus Karton mag, sollte hier vorbeischauen. *Peterssteinweg 9, Straßenbahnen 5, 8, 11, 13, 21, 28, Leuschnerplatz*

Design International (108/C3)
Vom Schreibgerät über provenzalisches Geschirr bis zum Sitzmöbel ist hier alles Design. Sehr schön und schön teuer. *Bauwens-Haus, Am Burgplatz 2, Straßenbahnen 5, 8, 13, 58, Karl-Tauchnitz-Straße/Neues Rathaus*

Faszination (109/D4)
Ungewöhnliches Einrichtungshaus auf zwei Etagen: Ulrike Wittiko stellt Erlesenes vom Holzspielzeug bis zum Badmöbel kreativ zusammen. Stöbern ist schon ein Augenschmaus. *Schillerstraße 5, Straßenbahnen 5, 8, 11, 13, 21, 28, Leuschnerplatz*

Kontor Geschenke & Wohnen (109/D2)
Kleiner und größerer Kram von praktisch bis kitschig und für jede Geldbörse. *Specks Hof, Schuhmachergässchen, Straßenbahnen 5, 8, 11, 13, 21, 28, Leuschnerplatz, Bus 89, Nikolaikirche*

Wohnmacher (109/D2)
Der Schein trügt: Das poppige Wohnzubehör im vorderen Ladenlokal ist nur der (schmackhafte) Appetithappen für die

Designmöbel weiter hinten. *Nikolaistraße 36*

KUNSTHANDWERK

Kunst aus dem Erzgebirge (109/D3)
★ Räuchermännel, Weihnachtspyramide, Schwippbögen. *Messehofpassage, 5, 8, 11, 13, 21, 28, Leuschnerplatz*

Galerie am Nikolaikirchhof (109/D2)
Keramik: Traditionelles und Modernes aus führenden Werkstätten. Im Untergeschoss Malerei und Objekte. *Ritterstraße 5, alle Straßenbahnlinien ins Zentrum, Augustusplatz, Bus 89*

Fachgeschäft für Meißner Porzellan (109/D2)
Vitrinen voller Kostbarkeiten, kompetente Beratung inklusive. *Markt 1 (Rathaus-Arkaden), Straßenbahnen 5, 8, 11, 13, 21, 28, Leuschnerplatz, Bus 89, Markt*

Firma Kieszling (109/D3)
Plauener Spitze: Die Besucher schwelgen in feinen Geweben. *Messehofpassage, Straßenbahnen 5, 8, 11, 13, 21, 28, Leuschnerplatz*

LEIPZIGER MODEMACHERINNEN

Simone Piorek (108/C2)
Die Nähmaschine surrt schmeichelnd, während einem fließende Kleider und üppige Mäntel durch die Finger gleiten. *Gottschedstraße 12, Straßenbahnen 1, 2, 31, Gottschedstraße*

Takelage (109/D2)
★ Sabine von Oettingen verkauft Gewänder in historischem Look. Goldschmied Sebastian Zenner stellt extravaganten Schmuck aus. *Specks Hof, alle Straßenbahnlinien ins Zentrum, Augustusplatz, Bus 89, Nikolaikirche*

Silke Wagler (108/C3)
Flüchtige Träume aus Seide und Samt fertigt Silke Wagler, die mit ihrer Kollektion schon den Sprung nach Wien geschafft hat. *Thomaskirchhof 20, Mo–Fr 10–20, Sa 11–16 Uhr, Straßenbahn 21, Bus 89, Thomaskirche*

MÄRKTE

Antik- und Gebrauchtwarenmarkt (117/D2)
★ Rund um das Zentralstadion, immer am letzten Sonntag im Monat. *Jahnallee, Straßenbahnen 3, 4, 5, 13, 15, 17, 37, Sportforum*

Antik- und Trödelmarkt (109/D3)
Von April bis September, jeweils am letzten Samstag im Monat. *Nikolaikirchhof, alle Straßenbahnlinien ins Zentrum, Augustusplatz, Bus 89, Nikolaikirche*

Bauernmarkt (108/C2)
Mai bis Juli monatlich samstags auf dem Marktplatz. *Altes Rathaus, alle Straßenbahnlinien ins Zentrum, Bus 89, Markt*

Frischmarkt (117/D2)
Samstags auf der Festwiese vor dem Zentralstadion. *Jahnallee, Straßenbahnen 3, 4, 5, 13, 15, 17, 37, Sportforum*

Marktschreier-Wettbewerb (123/E2)
Im August vor dem Völkerschlachtdenkmal mit Händlern aus ganz Deutschland. *Straße des 18. Oktober, Straßenbahnen 15, 21, Völkerschlachtdenkmal*

MARCO POLO TIPPS FÜRS SHOPPING

1 **Antik- und Gebrauchtwarenmarkt**
Größter Flohmarkt Deutschlands, guggn und koofen rund um das Zentralstadion (Seite 62)

2 **A Priori**
Glänzende Küchenhelfer und viel versprechende Weine (Seite 61)

3 **Connewitzer Verlagsbuchhandlung**
Schick gewordene Buchhandlung von alternativer Herkunft (Seite 60)

4 **Designer Outlet Center**
Kühles Understatement im ältesten Messehof der Stadt (Seite 59)

5 **Dogenhaus-Galerie**
Zeitgenössische Kunst in Aufsehen erregend modernem Bau (Seite 60)

6 **Kunst aus dem Erzgebirge**
Was fürs Herz: Weihnachtspyramiden und Räuchermännel (Seite 62)

7 **Leipziger Antiquariat**
DDR mal anders: Buchkunst und illustrierte Bücher (Seite 58)

8 **Leipzig-Laden No. 1**
Bestseller sind hier klassische Werke in Daumengröße (Seite 60)

9 **Takelage**
Gewänder in historischer Pracht, handgemacht in Leipzig (Seite 62)

MUSIK

Musik-Antiquariat **(108/C3)**
Es gibt sie noch, die guten alten Amiga-Schätzchen, sogar in handlichen 45 UPM. *Thomaskirchhof 15, Straßenbahnen 21, 24, 58, Thomaskirche*

Musikalienhandlung Oelsner **(109/D4)**
Nicht nur Bachnoten findet man hier. Die Musikalienhandlung von 1860 hat den besten Ruf. *Schillerstraße 5, Straßenbahnen 5, 8, 11, 13, 21, 28, Leuschnerplatz*

SCHRÄG & SECONDHAND

Mrs. Hippie **(117/F5)**
Außen echt schmuddelig, innen echt kultig. Getragen von Räucherstäbchenduft, schweben die Besucher durch die tücherverhangene Lagerhalle und schwelgen in dem bunten Angebot von Klamotten 1st and 2nd hand – hoffentlich noch lange. *Karl-Liebknecht-Straße 36, Straßenbahnen 11, 28, Arndtstraße*

FAT23/Street Technique **(109/D2)**
Schriller Laden im Graffiti-Look mit allem, was Skater brauchen und Kaufhausverweigerer modisch anmacht. *Brühl 63, alle Straßenbahnlinien ins Zentrum*

Sterntaler **(114/A3)**
Promis spenden ihre getragenen Klamotten der Geschäftsidee von Monika Eckstein. *Coppistraße 52, Straßenbahnen 20, 24, Virchow-/Coppistraße*

Traumhaft schlafen

Frisch saniert, gestylt und manchmal mit Kunstgenuss: Bei der Hotelwahl haben Leipzigs Besucher gute Karten

Möchten Sie einmal übernachten wie Karl Marx im Hotel am Bayerischen Platz, oder wollen Sie den gleichen Luxus wie Peter Maffay im noblen Lindner genießen? Beides ist in Leipzig möglich, und in jedem Fall werden Sie gut gebettet: Denn die mehr als 50 Hotels in der Stadt sind in der Regel neu erbaut oder frisch saniert. Es gibt jede Menge Hotels mit einer Menge Komfort. Dafür leistet sich Leipzig nur eine Jugendherberge. Nicht mehr en vogue sind die DDR-typischen Messezimmer mit Familienanschluss.

Allein ein knappes Dutzend Hotels wetteifert rund um Bahnhof und Brühl um Übernachtungsgäste. In Messenähe schossen moderne Hotelkästen aus dem Boden, in den Stadtteilen werben weniger spektakuläre Herbergen um Kunden. Gut für den Geldbeutel: Selbst die gehobenen Hotels sind erschwinglich. Die meisten Häuser verfügen über Tiefgaragen oder Hotelparkplätze. Dafür fehlt zuweilen zwischen Marmorbad und Faxanschluss etwas anderes, weniger Fassbares: Tradition. So macht das ehrwürdige Kempinski als »Hotel Fürstenhof« einen Zeitensprung – und knüpft an die Ära vor dem Zweiten Weltkrieg an. Und das Intercontinental, mit 96 m Höhe eine feste Größe in der Stadt, wurde erst Anfang der 80er-Jahre mit Blick auf devisenstarke Messegäste gebaut. Der Charme des Überkommenen ist oft entweder aufwendig wieder hergerichtet oder hat sich in neuzeitliches Design aufgelöst.

Klein und sehr fein: Der Fürstenhof empfängt die Gäste königlich

Zu Publikumsmessen wie der Auto Mobil International boomt das Geschäft: Die Zimmerpreise schnellen in die Höhe, viele Häuser sind ausgebucht. Am Wochenende, wenn die Geschäftsleute abgereist sind, kehrt Ruhe ein. Da reicht man gern Sonderangebote über die Theke. Das gilt auch für die Monate Juli und August.

Im schwankenden Gästestrom haben die Leipziger Hoteliers schwer zu rudern: Im Durchschnitt sind viele Häuser nur zu einem Drittel belegt.

Also lassen sich die Leipziger Gastgeber etwas einfallen: Sonntagsbrunch gehört in vielen Hotels zum guten Ton, und der schlägt auch bei vielen Leipzigern die richtige Saite an. Sympathisch ist eine andere Mode: Man verlegt sich auf die Kunst, hängt Originale übers Hotelbett oder lädt zur Vernissage.

HOTELS KATEGORIE 1

(für Anspruchsvolle, 200–300 Mark pro Doppelzimmer, Frühstück meistens inbegriffen)

Accento (U/D3)
Portitz liegt nicht gerade am Puls der Messestadt, ein Hotel im Nordosten Leipzigs muss sich schon was einfallen lassen. Das ist dem Accento mit seiner witzigen Designer-Einrichtung gelungen. Statt stromlinienförmigen Stylings überall Farben, Formen, Muster – macht einfach Spaß. *115 Zi., 4 Suiten, Tauchaer Straße 260, Tel. 92 62-0, Fax 92 62-100, E-Mail ACCENTO@t-online.de, Straßenbahn 13, Taucha, O.-Schmidt-Straße*

Best Western Hotel Windorf (120/A5)
Wer sich abends gern aus dem Innenstadttrubel verabschiedet, ist im Windorf an der richtigen Adresse. Erwähnenswert ist die Gastronomie: Bei kühlen Temperaturen sitzt man warm im Wintergartenrestaurant, im Sommer gibt's Deftiges im Garten. *100 Zi., Gerhard-Ellrodt-Straße 21, Tel. 42 77-0, Fax 42 77-222, www.bestwestern.com/best.html, Straßenbahnen 3, 4, G.-Ellrodt-Straße*

Dorint Hotel (118/B4)
Exklusives Haus mit allen Annehmlichkeiten seiner Klasse. Der Freizeitbereich bietet Whirlpool, Sauna und Sonnenbänke. Wie andere Hotels schmückt sich auch das Dorint mit Kunstausstellungen. Die Lage im Graphischen Viertel ist günstig für Kulturtouristen: Von hier ist es nicht weit zum Grassimuseum, zum Mendelssohn-Haus, zum Gewandhaus und zur Oper. Entspannter Sonntagsbrunch. *177 Zi., Stephanstraße 6, Tel. 97 79-0, Fax 97 79-100, www.dorint.de, Straßenbahn 15, Gutenbergplatz*

Holiday Inn Garden Court (109/D1)
Etwas angejahrt wirkt das Hotel am Hauptbahnhof von außen. Die Zimmer sind klein, aber effizient eingerichtet, üblicher Holiday-Inn-Standard. Man bezahlt vor allem die zentrale Lage. *121 Zi., Rudolf-Breitscheid-Straße 3, Tel. 12 51 0, Fax 125 11 00, alle Straßenbahnlinien zum Hauptbahnhof*

Marriott (109/D1)
Internationales Flair in opulenter Einrichtung, dunkelgrün und bordeaux durchgestylt. Edles, helles Frühstücksrestaurant mit Blick auf den Brühl. Im großen Freizeitbereich mit Schwimmbad, Whirlpool und Sauna können Gäste relaxen. Trotz des First-Class-Ambientes bleibt die Atmosphäre locker: Im Bademantel mal kurz an die Rezeption – kein Problem. Auf U.S.-Geschmack sind auch Allie's American Grill und Champions Bar zugeschnitten. Extrazimmer für Frauen. *231 Zi., 11 Suiten, Am Hallischen Tor 1, Tel. 96 53-0, Fax 9653-999, www.marriott.com, alle Straßenbahnlinien zum Hauptbahnhof*

Rema Hotel Vier Jahreszeiten (109/D1)
Fast ein bisschen zu designt wirken die Zimmer in dem relativ kleinen Hotel am Hauptbahnhof. Individualität wird hier eben groß geschrieben, und das kostet eine Kleinigkeit. Nichtraucher-Etagen, Wintergarten, leider kein Föhn im Bad. *67 Zi., Rudolf-Breit-*

scheid-Straße 23–29, Tel. 98 51-0, Fax 98 51-22, alle Straßenbahnlinien zum Hauptbahnhof

Seaside Park Hotel (109/E1)
★ Erstklassige Hotellerie hat an dieser Stelle Tradition: Zur Einweihung des Völkerschlachtdenkmals öffnete ein Grand-Hotel hier seine Pforten. Die Lage an der Richard-Wagner-Straße ist nach wie vor exzellent, und seit 1995 lädt das Park Hotel zum Luxus-Nächtigen ein. Art déco schnörkelt sich durch das denkmalgeschützte Haus – vom Teppich bis zu den Lampen. Die Architekten fanden originelle Raumlösungen: Wo hat man schon Fensterblick von der Badewanne in den Wohnraum? Bemerkenswertes Souterrain: Man speist im Orient-Express, die Landschaft gleitet per Video vorbei. *288 Zi., Suiten, Boardinghouse-App., Richard-Wagner-Straße 7, Tel. 98 52-0, Fax 98 52-750, E-Mail seaside-hotels@regionett.de, alle Straßenbahnlinien zum Hauptbahnhof*

Treff Hotel (U/D3)
Auf der »grünen Wiese«, in Nachbarschaft der Shopping-Meile Paunsdorf Center, entstand dieser Hotelbetrieb. Auf den ersten Blick ernüchternd und etwas ab vom Schuss, bietet er auf den zweiten Vorteile: Gastronomie vom Bistro über Restaurant bis zur Tanzbar am Wochenende. Oder den Shuttle-Service zur Messe, zum Flughafen und zum Hauptbahnhof. Es gibt einen ausgedehnten Fitnessbereich. Außerdem liegt das Erlebnisbad Sachsentherme gleich um die Ecke. *291 Zi., Schongauer Straße 39, Tel. 254-0, Fax 254-15 50, E-Mail Treffres@ treff-hotels.de*

HOTELS KATEGORIE 2

(für mittlere Ansprüche um 150–200 Mark)

Adagio (109/E4)
Facettenreich: Das Gründerzeithaus von 1882 liegt in einem Plattenbauviertel nahe dem Innenstadtring. Hinter der stuckverzierten Fassade eröffnen sich ungeahnte Möglichkeiten – vom kleinen Eckzimmer bis zur Suite mit Blüthner-Flügel ist alles drin. Die Möblierung ist allerdings nicht ganz so hochwertig, wie das Drumherum glauben macht. Nett ist der Freisitz im Hof. Und an Langschläfer wurde auch gedacht: Frühstücksbuffet gibt's bis Ultimo. *30 Zi., 1 Suite, Seeburgstraße 96, Tel. 21 66 99, Fax 960 30 78, E-Mail info@hoteladagio-leipzig.com, Straßenbahnen 15, 16, Johannisplatz*

Deutscher Hof (117/D1–2)
★ Mitten in Leipzigs renommiertem Jugendstilviertel liegt dieses schöne kleine Hotel. Ganz im Jugendstil ist auch das Restaurant gehalten, das eine gute Küche bietet. Nachtschwärmer müssen nur ein paar Stufen treppab: Im urig-sächsischen Kellerrestaurant »Zur Laderne« gibt's Livemusik – so lange es den Gästen Spaß macht. Rosental und Zentralstadion sind nicht weit, die City ist mit ein bisschen Schwung noch zu Fuß zu erreichen. *38 Zi., Waldstraße 31, Tel. 71 10-0, Fax 71 10-222, Straßenbahn 6, Feuerbachstraße/Sportforum*

Galerie Hotel Leipziger Hof (119/D1)
★ Ein Bild von Leipzig muss sich jeder selbst machen – in diesem denkmalgeschützten Gründer-

Leipziger Luxushotels

Hotel Inter-Continental (109/D1)
Wie kein anderes Hotel der Stadt atmet das Interconti Weltstadtflair. Modeschöpfer, Politiker, Opern- und Rockstars checken in der Nobelherberge ein. 1981 pflanzte ein japanisches Unternehmen das »Hotel Merkur« ins Herz der DDR-Messemetropole. Nach der Wende investierte die Inter-Conti-Kette rund 43 Mio. Mark in den Umbau und die Renovierung des Hauses. Schon ab Stock 24 entfaltet sich Luxus pur: Suiten mit Whirlpool und Balkon, fantastische Aussichten über Leipzig inklusive, und im »Panorama XXVII« genießen Leipziger und Gäste den Blick auf die Stadt beim Candlelight-Dinner zu Pianomusik *(freitags, 39 Mark)*. Im Keller liegt Leipzigs größter Hotelpool. *447 Zi., EZ 250–370, DZ 290–410, Suiten ab 555 Mark, Luxussuiten 900–1660 Mark, Gerberstraße 15, Tel. 9880, Fax 988 1229, E-Mail leipzig@ interconti.com, alle Straßenbahnlinien zum Hauptbahnhof*

Kempinski Hotel Fürstenhof (108/C1)
Exklusivität auf kleinem Raum zelebriert das Kempinski, und seit der Eröffnung 1996 hat eine illustre Gesellschaft ihr Signet im Gästebuch hinterlassen: Sophia Loren, Richard von Weizsäcker und Tina Turner etwa statteten dem wahrhaft fürstlichen Palais einen Besuch ab. Der Bankier Löhr ließ sich 1770 das Haus errichten, 1889 empfing hier erstmals der Fürstenhof Gäste. Seit der aufwendigen Rekonstruktion hielten Glanz und Geld wieder Einzug in das Haus. Sehenswert ist allein schon der prunkvolle Serpentinsaal, aus dem Jahr 1865 stammend und original mit dem »Marmor der sächsischen Könige« wieder hergestellt. Der Pool ist in eine Felslandschaft eingebettet. *92 Zi., EZ 340–470, DZ 390–520 Mark, Tröndlinring 8, Tel. 1404901, Fax 1403602, E-Mail lpz.reservation@ kempinski.com, Straßenbahnen 1–4, 6, 15, 17 20–21, 37, 57–58, Goerdelerring*

Renaissance Leipzig Hotel (109/F3)
Großzügigkeit und eine lässige Geschäftsmäßigkeit bestimmen die Atmosphäre dieses Hotels in Opernnähe. Zeitlos und kosmopolitisch erscheinen Empfangshalle und Zimmer. Der Koch hat ein Faible für asiatisch-kulinarische Genüsse, aber natürlich stehen im »Four Seasons« vor allem sächsische Spezialitäten auf der Karte. Angenehmer Wellness-Bereich, in dem zuweilen sehr, sehr junge Gäste anzutreffen sind: Hier finden Baby-Schwimmkurse statt. *356 Zi., EZ ab 240, DZ 270–340 Mark, Suiten 320–410 Mark, Querstraße 12, Tel. 12920, Fax 1292800, www.renaissancehotels.com, alle Straßenbahnlinien zum Augustusplatz*

zeithaus bekommen die Gäste allerdings herausragende Leipziger Bilder ans Herz gelegt: 200 Gemälde hängen in Gängen und Zimmern. Werke berühmter Leipziger wie Mattheuer oder Tübke sind darunter, aber auch Bilder junger, aufstrebender Künstler fehlen nicht. Das Haus hat mit dieser Idee in den Medien mittlerweile eine gewisse Prominenz erlangt. Mit ein wenig Glück bekommen Sie vielleicht noch eines der geräumigen Doppelzimmer unter dem Dach. *72 Zi., Hedwigstraße 1–3, Tel. 6974-0, Fax 697 41 50, E-Mail LeipzigHof@aol.com, Straßenbahnen 3, 8, 13, 17, 22, 37, 57, Friedrich-List-Platz*

Holiday Inn **(119/E6)**
Ungewöhnlich viel Raum bietet das Neubauhotel in Stötteritz seinen Gästen. In dem Viertel unweit der Alten Messe ist längst noch nicht alles saniert. Eine Oase ist der ruhige, grüne Innenhof, in dem man im Sommer frühstücken kann. *126 Zi., Wasserturmstraße 33, Tel. 8679-0, Fax 867 94 44, Straßenbahnen 4, 20, Wasserturmstraße*

Hotel Michaelis **(114/A5)**
★ Noch gilt das herrschaftlich sanierte Haus (Baujahr 1907) in einer Seitenstraße der Kneipen- und Einkaufsmeile Karl-Liebknecht-Straße als Geheimtipp. Hell, elegant und freundlich präsentiert sich das Hotel den Besuchern. Kunstausstellungen unterstreichen die persönliche Note. Ausgezeichnete Küche. Im Sommer lockt die Terrasse. *60 Zi., Paul-Gruner-Straße 44, Tel. 26 78-0, Fax 26 78-100, E-Mail michaelis.leipzig@vch.de, Straßenbahnen 10, 11, 28, Hohe Straße (LVB)*

Außen nüchtern, innen nobel: beste Aussichten im Inter-Continental

Hotel im Sachsenpark **(U/C2)**
Zur Neuen Messe ist es nur ein Katzensprung. Und so ist das Haus in seiner kühlen Eleganz vor allem auf Geschäftsleute eingerichtet: Die Zimmer lassen kein Extra vom Hosenbügler bis zur Voice-Mail-Box missen. Der Komfort samt Sauna lässt sich außerhalb der Messezeiten am günstigsten nutzen. *112 Zi., Walter-Köhn-Straße 3, Tel. 52 52-0, Fax 52 52-530, www.sachsenparkhotel.de, Straßenbahnen 16, 21, Messegelände*

Leonardo – Hotel und Residenz **(121/F3)**
Komfortabler Neubau im Süden Leipzigs, günstig gelegen für alle, die außer Sightseeing auch Erholung – zum Beispiel lange Spaziergänge im Ratsholz – einplanen. Lockangebot für Golfer:

Greenfee-Ermäßigung im Golfclub Noitzscher Heide. *50 Zi., 14 App., 3 Suiten, Windscheidstraße 21–23, Tel. 30 33-0, Fax 30 33-555, E-Mail hotel@leonardo-lpz.de, Straßenbahnen 10, 11, 28, Connewitzer Kreuz*

Lindner Hotel Leipzig **(116/A–B1)**
★ Hier übernachtet die Prominenz. Das Lindner im exklusiven Wohnviertel Leutzsch hat einen ausgezeichneten Ruf. Das Restaurant »Am Wasserschloss« ist vom Feinschmecker prämiert, Leipziger lieben die ruhige Gartenterrasse. Den kostenlosen Fahrradverleih sollte man nutzen, um das landschaftlich reizvolle, angrenzende Auenwald-Gebiet zu erkunden. Bei schlechtem Wetter surft sich's über das Zimmer-TV ins Internet. *200 Zi., 22 Boardinghouse-App., Hans-Driesch-Straße 27, Tel 44 78-0, Fax 44 78-478, E-Mail info.leipzig@lindner.de, Bus 72/73 Leibnizstraße; Bus 67, Paul-Michael-Straße*

Mercure **(109/D3)**
Moderner, zweckmäßiger Hotelbetrieb hinter trister Fassade. Die hellen Zimmer sind einfach eingerichtet, im Aufzug mag man auf Musik nicht verzichten. Die Lage am Augustusplatz ist der Joker des Hotels, gepaart mit einem vernünftigen Preis-Leistungs-Verhältnis. Stadtführungen direkt vom Hotel aus. *283 Zi., Augustusplatz 5/6, Tel. 21 46-0, Fax 960 49 16, alle Straßenbahnlinien zum Augustusplatz*

Merseburger Hof **(116/A3)**
Der Höhepunkt zuerst: Über eine Wendeltreppe steigen Neugierige vom Turmzimmer ins Türmchen dieses neoklassizistischen Gebäudes – und werden belohnt mit einem wunderbaren Blick über Leipzig. Familie Hertwig hat das Haus dezent möbliert und verleiht dem Hotel mit der Brasserie einen Hauch französischen Flairs. *57 Zi., Merseburger Straße 107, Tel. 477 44 62, Fax 477 44 13, Straßenbahnen 17, 57, Georg-Schwarz-/Merseburger Straße*

Novotel **(109/E2)**
Kinderfreundliches Großstadthotel mit Spielecke im Foyer. Nichtraucher- und Behindertenzimmer vorhanden. Praktisch für den Kurz-Kulturtrip ist die direkte Nachbarschaft zu Oper und Gewandhaus, Stadtrundfahrten starten vor dem Haus. Das Hotel-Restaurant »Le Jardin« bietet französische Küche. *200 Zi., 17 App., 2 Turmsuiten, Goethestraße 11, Tel. 99 58-0, Fax 99 58-200, E-Mail novotel-leipzig@accor.de, alle Straßenbahnlinien zum Hauptbahnhof*

Parkhotel Diani **(123/F4)**
Leipzig per Fahrrad? In der Hotel-Jugendstilvilla nahe des Bruno-Plache-Stadions kann der Gast jedenfalls Drahtesel ausleihen – und ist im Radumdrehen am Völkerschlachtdenkmal oder im Erholungspark Lößnig-Dölitz. *69 Zi., Connewitzer Straße 19, Tel. 867 40, Fax 867 42 50, Straßenbahnen 15, 21, Probstheide*

Zum Völkerschlachtdenkmal **(123/D1)**
★ Der historische Gasthof wurde am Tag der Einweihung des Völkerschlachtdenkmals – am 18. Oktober 1913 – von Familie Berneiser eröffnet. Nach der Wende gelangte das zurück in Familienbesitz. Es ist liebevoll im

MARCO POLO TIPPS FÜR HOTELS

1 **Deutscher Hof**
Familiäres Hotel mit guter Küche im Jugendstil-Restaurant (Seite 67)

2 **Galerie Hotel Leipziger Hof**
Hotel mit Kunstsammlung vom Keller bis zum Dach (Seite 67)

3 **Hotel am Bayerischen Platz**
Hier fühlte sich schon Karl Marx wohl, doch keine Angst: Sie werden bürgerlich weich gebettet (Seite 72)

4 **Hotel Markgraf**
Ruhige Lage nahe der Kulturmeile Süd, nett und praktisch (Seite 72)

5 **Hotel Michaelis**
Klassisches Ambiente, gute Lage, persönlicher Stil (Seite 69)

6 **Lindner Hof**
Erschwinglicher Luxus nahe der grünen Lunge Leipzigs (Seite 70)

7 **Seaside Park Hotel**
Art déco vom Teppich bis zur Lampe plus Menü im Orientexpress (Seite 67)

8 **Zum Völkerschlacht-denkmal**
Zünftiges Haus mit Familientradition am Fuße des Koloss von Leipzig (Seite 70)

alten Stil restauriert. Für die Nachbarschaft zu dem imposanten Riesendenkmal kann man die Lage an der viel befahrenen Prager Straße gut und gern in Kauf nehmen. *25 Zi., 3 App., Prager Straße 153, Tel. 26 99 00, Fax 990 20 99, E-Mail hotel.voelkerschlachtdenkmal@t-online.de, Straßenbahnen 15, 21, 22, Altes Messegelände*

HOTELS KATEGORIE 3

(für einfache Ansprüche 50-150 Mark)

Alt Connewitz **(122/A4)**
In einem sanierten 30er-Jahre-Wohnhaus am südlichen Stadtrand liegt das kleine Hotel, das Siegrun Kießling mit sächsischem Charme führt. Rustikales Ambiente, Restaurant. *33 Zi., Meusdorfer Straße 47a, Tel. 301 37 70, Fax 301 38 00, E-Mail Connewitz@Flairhotel.com, Straßenbahnen 24, Pfeffinger Straße; 28, 58, Koburger Brücke*

Am Ratsholz **(120/A4)**
Gut geeignet für einen längeren Aufenthalt, denn die Zimmer des modernen Hauses sind sehr geräumig. Praktisch: Café-Bar und Kleinküche in jedem Zimmer, Sauna im Haus. Einziger Nachteil: gut 15 Minuten Straßenbahnfahrt in die City. Auf Anfrage Shuttle-Service. *113 Zi., Anton-Zickmantel-Straße 44, Tel. 494 45 00, Fax 494 45 55, E-Mail Hotel.am.Ratsholz@t-online.de, Straßenbahnen 3, 4, Huttenstraße*

Avantgarde **(122/A3)**
Der Name ist ein Versprechen: Die großzügigen Zimmer sind

im Ligne-roset-Stil eingerichtet. Schöne Lage in der Nähe des Connewitzer Wildparks, zur City ist es auch nicht weit. *32 Zi., Arno-Nitzsche-Straße 14, Tel. 30 80 60, Fax 308 06 99, Straßenbahnen 11, 22, 24, 28, Connewitzer Kreuz*

Etap Hotel Leipzig Nordost (U/D3)
Trotz der puren Zweckmäßigkeit ist das Etap – an einem Gewerbegebiet, 3 km von der City entfernt – das richtige Domizil für Leute, die ihr Geld lieber in der Stadt als im Hotel lassen. Übrigens: Haustiere sind erlaubt. Den Empfang übernimmt zwischen 10 und 17 Uhr ein Check-In-Automat. *86 Zi., Föpplstraße 7, Tel. 245 84 01, Anfahrt über B 87, Rg. Schönefeld, Gewerbe- und Industriepark Leipzig-Nordost*

Hotel am Bayerischen Platz (109/E6)
★ Hier haben schon Karl Marx und seine Tochter genächtigt. Inhaberin Christine Groß und ihr Bruder richteten in Erinnerung daran ein »Marx-Zimmer« mit alten Möbeln ein. Das Zimmer kann bewohnt werden – und ist auch unglaublich begehrt. Abgesehen davon nächtigen die Gäste in edlem Ambiente in Blau und Gold. *Bayerischer Platz, Tel. 14 08 60, Straßenbahnen 2, 5, 16, 21, Bayerischer Platz*

Hotel Berlin (119/D4)
Das kleine Garni-Hotel in Reudnitz macht von außen nicht so viel her. Die Zimmer sind aber komfortabel, und das Frühstücksbuffet ist in Ordnung. *49 Zi., 2 Suiten, Riebeckstraße 30, Tel. 26 73-000, Fax 26 73-280, Straßenbahnen 4, 20, Riebeck-/Oststraße*

Hotel de Saxe (114/A5)
Sächsische Gemütlichkeit ist ein Markenzeichen des familiär geführten Hotels im schönen Stadtteil Gohlis. Sehenswürdigkeiten wie das Gohliser Schlößchen oder die Traditionsgaststätte Gosenschenke sind leicht zu erreichen. Geschmackvoll ausgestattete Zimmer, Fahrradverleih. *33 Zi., Gohliser Straße 25, Tel. 593 80, Fax 593 82 99, Straßenbahnen 20, 24, Fritz-Seger-Straße*

Hotel Ibis Leipzig Zentrum (108/C1)
Die Lage nahe Oper, Bahnhof und Marktplatz ist ideal, und die Übernachtungspreise sind dafür moderat. Kleine Zimmer bieten alles Notwendige, der Frühstücksbereich schließt an die Hotelhalle an, hat aber Gartenblick. Eine wirklich gute City-Variante. *126 Zi., Brühl 69, Tel. 218 60, Fax 218 62 22, alle Straßenbahnlinien zum Hauptbahnhof*

Hotel Markgraf (118/A5)
★ Dass die Kulturmeile Süd mit ihren Kneipen und Einkaufsmöglichkeiten nur ein paar Schritte entfernt liegt, ist in der ruhigen Körnerstraße nicht zu spüren. Das familiär geführte Hotel lädt zum Entspannen ein. Sehr ansprechend: Die Wintergartenatmosphäre im Frühstücksrestaurant sowie die Sommerterrasse. *54 Zi., 5 App., Körnerstraße 36, Tel. 30 30 30, Fax 3030-399, E-Mail hotelmarkg@aol.com, Straßenbahnen 11, 16, Arndtstraße/Körnerstraße*

Prodomo (114/B2)
Weiß ist die vorherrschende Farbe in den hellen, modernen Räumen des Hotelneubaus. Pro-

domo bietet schnörkellosen Komfort, extra Nichtraucherzimmer. *80 Zi., 15 Maisonette-Suiten, Gräfestraße 15a, Tel. 903 50, Fax 90 35-113, Straßenbahnen 16, 21, Eutritzsch Markt*

Ratskeller Plagwitz (116/C4)
Gutbürgerliches Gründerzeithaus im alten Kern des ehemaligen Arbeiterviertels Plagwitz. Die detailgenaue Sanierung des Hauses wurde übrigens ausgezeichnet. Günstige Lage: In wenigen Minuten gelangt man auf die Nonnenstraße, wo in den ehemaligen Buntgarnwerken (Expo-Gebiet) und Industriebauten Kneipen und Restaurants eingezogen sind. *28 Zi., Weißenfelser Straße 10, Tel. 479 60 35, Fax 479 00 55, Straßenbahn 2, Nonnenstraße*

Silencium Garni (112/B2)
Modern, hell und zweckmäßig präsentiert sich das kleine Hotel. Zum Wohlfühlen sind die Rattanmöbel in den Zimmern. Die Lage an der viel befahrenen Georg-Schumann-Straße ist nichts für Lärmempfindliche. Für Frühaufsteher: Frühstück gibt es ab 6.30 Uhr. *35 Zi., Georg-Schumann-Straße 268, Tel. 908 27-0, Fax 901 29 91, Straßenbahnen 11, 28, Möckern, hist. Straßenbahnhof*

Vivaldi Hotel Leipzig (113/B3–4)
Nicht im schönsten Teil Leipzigs, dafür immer noch zentral liegt das gemütliche Eutritzscher Mittelklassehotel. Kleine, geschmackvolle Zimmer, gutes Preis-Leistungs-Verhältnis. *107 Zi., Wittenberger Straße 87, Tel. 90 36-0, Fax 90 36-234, E-Mail info@hotel-vivaldi.de, Straßenbahn 16, Mörikestraße; Linie 21, Heinickestraße*

FÜR JUNGE LEUTE

Campingplätze
Campingplatz am Auensee **(112/A2)**, *Gustav-Esche-Straße 5, Tel. 465 16 00, Fax 465 16 17, Bus 80, Auensee; Campingplatz Kulkwitzer See* **(U/B4)**, *Seestraße 1 (Markranstädt), Tel. 941 15 14/15, Fax 941 15 16, S-Bahn Rg. Grünau, Endhaltestelle Miltitzer Allee, Auto: B 87 Grünau*

Jugendherberge (115/F5)
Mit 160 Betten kann die Jugendherberge im Neubauviertel Schönefeld manchen Gäste-Ansturm verkraften. Trotzdem empfiehlt sich eine Reservierung. Das Haus liegt etwa drei Kilometer von der Innenstadt entfernt und bietet auch Familienzimmer. *Jugendherberge Leipzig-Centrum, Volksgartenstraße 24, Tel. 24 57 00, Fax 245 70 12; 176 Betten, Straßenbahnen 17, 31, 37, Löbauer Straße*

PRIVATUNTERKÜNFTE

Bed and Breakfast (109/E2)
Privatzimmer, auch für eine Nacht. Ab 50 Mark können sich Besucher bei gastfreundlichen Leipzigern niederlassen, unter Umständen wird dasselbe Bad benutzt. *Leipzig Tourist Service, Richard-Wagner-Straße 1, Tel. 71 04-260/265, Fax 71 04-271/276, E-Mail lipsia@aol.com*

Mitwohnzentrale am Hauptbahnhof (109/E2)
Angebote ab 25 Mark pro Nacht sind studentenfreundlich. Wünsche nach der Lage werden berücksichtigt, Kurzaufenthalte sind möglich. Immer die Vermittlungsgebühr von etwa 5 Mark pro Nacht einrechnen! *Goethestraße 7–10, Tel. 980 50 00, Fax 980 50 01*

NTAKTZENTRUM
NTACT - CENTRE
ACTS EST-OUEST
АМ ВОСТОК-ЗАПАД
交流中心

Leipziger Kalender

Messen, Märkte und Feste – am liebsten ziehen die Leipziger mit Kind und Kegel in die City

Sobald die ersten Sonnenstrahlen das Wintergrau vertreiben, erwacht Leipzig zu einer Stadt der Konzerte, Festivals und Straßenspektakel. Übers ganze Jahr locken rund dreißig Fachmessen eine Million Besucher in die Stadt, etwa ein Drittel davon besucht die Auto Mobil International. Im März verwandelt die Buchmesse mit ihrem Literaturfestival »Leipzig liest« die Stadt in ein Mekka für Leseratten.

Die Messebesucher wollen natürlich nicht im Hallenghetto hängen bleiben und entdecken eine lebendige, stimmungsvolle City: zum Beispiel während des Stadtfestes im Juni, wenn aus der Innenstadt eine Amüsiermeile mit Ständen, Bühnen und Gastronomie wird. Das ganze Jahr über finden vor der Kulisse des Alten Rathauses am Wochenende Märkte statt, vom Töpfer- über den Bauern- bis zum Reisemarkt. Ein besonderes Erlebnis ist das Sommerkino im Juli, wenn unter dem Sternenhimmel Hollywood die Zuschauer auf dem Markt in Atem hält.

Umwerfender Glaspalast: Die Neue Messe lockt rund eine Million Besucher pro Jahr

Natürlich trumpft Leipzig mächtig mit seiner Musikgeschichte auf. Feste im Zeichen von Bach und Wagner, populäre Openairkonzerte und der Leipziger Orgelsommer setzen Ihnen Ohrwürmer in den Kopf. Die Sommerkonzerte am Bach-Denkmal (Juli/August) haben seit gut 20 Jahren Tradition. Die Zahl der »Festivals« hat inflationäre Ausmaße angenommen. Die Puppenspieler und die Kabarettisten leisten sich eins, das große Theater, die freie Szene und auch die Cineasten. Zu Pfingsten trägt die Stadt ausnahmsweise Schwarz: Die dunkel gewandeten Anhänger des Wave-Gotik-Treffens verbreiten eine besondere Stimmung.

Sportlich sorgen die Fußballvereine VfB Leipzig und FC Sachsen für packende Lokal-Turniere. Eine Fußballmanie gibt es in Leipzig aber nicht. Turf-Fans merken sich den Mai vor: Da kommen rund 10 000 Zuschauer zum Aufgalopp auf die Rennbahn Scheibenholz. Und das, obwohl Tribüne und das Drumherum ziemlich marode sind. Ein kleines Volksfest ist der jährliche Triathlon am Kulkwitzer See, bei dem Freaks und Freizeitsportler an den Start gehen.

FEIERTAGE

1. Januar
Karfreitag
Ostermontag
1. Mai *(Tag der Arbeit)*
Christi Himmelfahrt
Pfingstmontag
3. Oktober *(Tag der Deutschen Einheit)*
31. Oktober (Reformationstag)
Buß- und Bettag
25./26. Dezember *(Weihnachten)*

VERANSTALTUNGEN

März
Zur Leipziger Buchmesse schlagen Autoren auf dem Messegelände (**111/D2–3**) und in der Stadt beim Festival ★ *Leipzig liest* neue Seiten auf.

April
Zu Ostern führen Thomanerchor und Gewandhausorchester in der Thomaskirche die *Matthäus- bzw. Johannespassion* auf.

Auf dem Rathausmarkt lädt das *Ostermesse-Spektakel* mit Handwerkern, Schaustellern und Krämern zur Zeitreise in die Geschichte ein.

Mai
★ Renommierte internationale Künstler interpretieren J. S. Bachs Werk zum Bachfest an den historischen Wirkungsstätten. Achtung: Im Jahr 2000 findet das Bachfest im Juli statt.

Im Schillerhaus (**113/E5**) können Besucher immer am 28. Mai einen musikalisch-literarischen *Abend bei Schiller* erleben.

★ 🚸 Auf zum *Honky-Tonk:* Rund 100 Bands machen aus den Kneipen der Stadt dampfende Hexenkessel.

Juni
★ Mit Kind und Kegel genießen die Leipziger ihr *Stadtfest* – drei Tage Spiel, Spaß und Unterhaltung in der Innenstadt.

Beim *Festival der Straßenmusiker* machen Gruppen aus vielen Ländern die Innenstadt zu einer riesigen Bühne.

Das *Popular Classic Musik Festival* am Fuß des Völkerschlachtdenkmals (**123/E2**) begeistert auch Leute, für die Beethovens Neunte nicht als Hit gilt.

Im Juni und Juli zieht das Schauspiel Leipzig zum *Sommerfest* in den Innenhof des Paulaner-Restaurants (**108/C2**).

🚸 Das Schauspiel Leipzig und die Kneipen in der Gottschedstraße (**108/B2**) feiern sich beim Straßenfest *Zinnober.*

Am Fockeberg (**121/E2**) startet das *Seifenkistenrennen.*

Juli
Bachfest Leipzig 2000, die Festivitäten zum 250. Todestag des Komponisten stehen unter dem Motto »Bach – Ende und Anfang«, dazu gibt's auch Jazz.

Der Ring der Nibelungen wird zum *Richard-Wagner-Fest* im romantischen Johannapark (**108/E4**) aufgeführt.

Volksfest *Rendezvous im Zoo* (**113/F6**) mit Musik, Gauklern und kulinarischen Genüssen.

Auf dem Markt zieht das kostenlose *Sommerkino* die Filmfans nach draußen.

Ein herrlicher Spaß ist das *Badewannenrennen* auf dem Teich vor dem Völkerschlachtdenkmal (**123/E2**).

August
★ Ballonfahrer aus ganz Europa begeistern mit kuriosen Flugob-

MARCO POLO TIPPS FÜR VERANSTALTUNGEN

1 **Bachfest**
Klassische Musik an den historischen Wirkungsstätten des berühmten Thomaskantors (Seite 76)

2 **Honky-Tonk**
Europas größtes Kneipenfestival mit Live-Musik ohne Ende (Seite 76)

3 **Lachmesse**
Zwerchfelltraining auf hohem Niveau (Seite 77)

4 **Leipzig liest**
Autoren von Rang und Namen schlagen zur Buchmesse neue Seiten auf (Seite 76)

5 **Leipziger Stadtfest**
Drei Tage Spiel, Spaß und Unterhaltung (Seite 76)

6 **Saxonia International Balloon Fiesta**
Kuriose Flugobjekte aus ganz Europa heben ab (Seite 76)

jekten bei der *Saxonia International Balloon Fiesta.* Zu den Höhepunkten gehört das abendliche Ballonglühen.

Über eine Videowand auf dem Markt werden zu den *Classic Open* Konzertmitschnitte berühmter Sänger und Orchester ausgestrahlt. Zu späterer Stunde flimmern Pop- und Rock-Classics über die Videowand. Geboten werden auch Live-Konzerte.

Zum *Gewandhaustag* spielt das Gewandhausorchester in der City.

September/Oktober

Leipziger Jazztage

Leipziger Markttage mit Kunst, Handwerk, Trödelmärkten und mehr.

Oktober

Zum Internationalen Festival für Dokumentar- und Animationsfilm bevölkern Cineasten und Journalisten aus aller Welt die Stadt.

★ Zur *Lachmesse* treten Kabarettisten und Kleinkünstler auf.

November

Internationales Damen Tennis Grand Prix Leipzig.

Sprech-, Tanz- und Bewegungstheater holt die *euro-szene Leipzig* auf die Bühnen. Aufsehen erregt in diesem Rahmen jedes Jahr der Wettbewerb »Das beste deutsche Tanzsolo«.

Zu wechselnden Themen finden zum *Literarischen Herbst* Lesungen und Diskussionen statt.

Exklusives Kunsthandwerk und Design zeigt die *Grassi-Messe* (**109/F3**).

Noch mal *Honky-Tonk* (siehe Mai).

Dezember

Zum *Weihnachtsmarkt* drängen sich die Buden auf dem Markt vor dem Alten Rathaus.

Bachs Weihnachtsoratorium wird an vielen Orten gespielt, Tradition hat die Aufführung in der Thomaskirche. Dort singen die Thomaner auch die *Silvestermotette.*

Am Abend gehen wir aus

Nachtschwärmer genießen Cocktails und Pointenfeuerwerk im Schatten von Oper und Gewandhaus

Egal, ob Sie nachts einen Cocktail im Waschsalon trinken möchten, ein Pointenfeuerwerk im Kabarett bevorzugen oder die große Gala im Gewandhaus – in Leipzigs Kneipen- und Kulturszene ist so ziemlich alles möglich. Nicht mal auf das kulturelle Sommerloch ist Verlass: Längst wird es mit Open-Air-Aufführungen der renommierten und freien Schauspielszene gefüllt. Die Musikstadt macht ihrem Ruf ebenfalls ganzjährig mit kleinen und großen Konzerten Ehre. Während der Saison sind Premieren in Leipzig früh ausverkauft. Wer keine Eintrittskarte mehr bekommen hat, taucht ab in die quirlige Gastro-Szene.

An jeder Ecke machen Clubs und Szenetreffs auf und wieder zu, werden überrannt und ein paar Monate später eiskalt verlassen. Trotzdem gibt es drei Konstanten für Leipzigs Vergnügungssüchtige: den Drallewatsch zwischen Markt und Dittrichring, das Schauspielviertel in der Gottschedstraße und die Kulturmeile Süd auf der Karl-Liebknecht-Straße (von ihren Anhängern liebevoll »Karli« genannt). Dazwischen rennt man sich die Hacken ab oder bucht gleich im Frühjahr oder Herbst eine Shuttlekarte für das Honky-Tonk, Deutschlands größtes Kneipenfestival mit Live-Musik aus allen Rohren. »Drallewatsch«, das ist natürlich sächsisch und heißt so viel wie »unbeschwert genießen«. Das geht problemlos auf der rund 1,3 Kilometer langen Kneipenmeile. Besonders im Barfußgäßchen kann im Sommer zwischen den unzähligen Tischen, Stühlen, Füßen, Händen, Gläsern die Übersicht verloren gehen.

Kurz über den Ring, und schon sind die Vergnügungswilligen im Schauspielviertel, das auf die Symbiose von Kultur und Kneipentour setzt. Das »Maga Pon« mit seinen Waschmaschinen (!) gehörte lange zu den Tipps für Eingeweihte. Rundherum eröffneten Bars, Bistros, Cafés für jede Tageszeit. Ein Hauch von Nostalgie erfüllt die »Karli«. Hier haben sich Leipzigs Kulturpioniere angesiedelt, zum Beispiel im Club-Urgestein

Leipzigs Oper hat einen guten Namen im ganzen Land

MARCO POLO TIPPS FÜR DEN ABEND

1 academixer
Kabarett deutscher Befindlichkeiten, aufgequirlt mit Musik, Witz und satirischer Tradition (Seite 85)

2 Gewandhaus
Da weiß man, was man hat: Klassische Konzerte auf Weltniveau (Seite 87)

3 Krystallpalast Varieté
Zauberhaft: Luftnummern und Magisches in familiärer Atmosphäre (Seite 89)

4 Kulturcafé Alte Nikolaischule
Jazz genießen, wo Nietzsche Pauken musste (Seite 83)

5 Markt 1
Kleine Edeldisko mit flirtintensiver Atmosphäre (Seite 82)

6 Lettermann
Der Szenetreff mit Grand-Hotel-Ambiente verführt zu VIP-Gefühlen im Ohrensessel (Seite 85)

7 Moritzbastei
Der Studentenclub der Stadt. Unterhaltung in uriger Festungsanlage (Seite 82)

8 Spizz
Im Keller klasse Jazz, oben beredte Leute von früh bis spät (Seite 83)

»naTo«, das nicht nur eine exzellente Kleinkunst- und Filmbühne hat, sondern auch Badewannen- und Seifenkistenrennen ins Leben rief. Zwischen Münzgasse und Connewitzer Kreuz fällt man von einer Kneipe in die nächste. Und wenn man das drei Abende hintereinander macht, trifft man überall Bekannte.

Leipzigs Nachtleben ist trotz des Kneipen-Booms (noch) angenehm familiär. Dabei leisten sich die Sachsen Freiheiten, von denen andere nur träumen können: Die Sperrstunde ist im Freistaat genau 60 Minuten lang und gilt von 5 bis 6 Uhr. Nur bei den Freisitzen nehmen es die Leipziger genau. Um 22 Uhr wird abkassiert (außer in der City), den schlafbedürftigen Anwohnern zuliebe. Für Nachtschwärmer beginnt jetzt die Hoch-Zeit. In vielen Clubs braucht man vor 23 Uhr gar nicht aufzukreuzen, dafür gibt es in den meisten Kneipen mindestens bis 2 Uhr etwas Warmes auf die Gabel. Wer in Leipzig ausgeht, kommt nicht an den Kulturleuchttürmen vorbei. Oper und Gewandhaus stehen sich am Augustusplatz mit vorzüglichen Programmen gegenüber – unterirdisch verbunden durch eine vorbildliche Tiefgarage. Das Schauspiel Leipzig jongliert gleich auf mehreren Bühnen mit leichter Kost und tiefgründigen Klassikern. Und im Herbst trifft sich Theater-Europa zum Festival zeitgenössischen Theaters »euro-szene«. Aber auch im Schatten der Kulturleuchttürme findet man Lichtblicke: Freie Theatergruppen und ein Varieté gehen neue Wege.

Publikumsmagnet für alle Generationen ist die witzige, freche, politische und stark sächsisch gefärbte Kabarettszene – an deren Spitze »Pfeffermühle« und »academixer«. Die Ensembles sind immer noch gesellschaftskritische Pointenschmieden, das Programm kommt als Mischung aus Wortwitz, Gesang und Theater auf die Bühne. Leipzig ohne Kabarett-Besuch, das ist wie das Neue Rathaus ohne Turm – schlicht unmöglich.

BARS UND NACHTCLUBS

BarCelona **(108/B2)**
Spanische Gefühle in erdig brauner Schlauch-Bar. Am langen Tresen legt einem der Koch vom Vorspeisenbuffet den Süden auf die Zunge. Die Kulturszene genießt und redet drüber. *Tgl. ab 18 Uhr, Gottschedstraße 12, Tel. 212 61 28, Straßenbahnen 1, 2, 31, Gottschedstraße*

Havana Club **(109/D2)**
Wer wissen will, wie's damals aussah: Hier gibt's Ostalgie pur. *Mo–Fr 12–24, Sa 18–24 Uhr, Theaterpassage (zwischen Ritter- und Goethestraße), Tel. 211 42 75, alle Straßenbahnlinien ins Zentrum*

Hemingway Cocktailbar **(108/B2)**
Karibischer Kitsch in Key-West-Manier, vermixt zu leckeren Cocktails. Über allem wacht das überdimensionale Antlitz Papa Hemingways. *Tgl. ab 18 Uhr, Gottschedstraße 13, Tel. 990 00 88, Straßenbahnen 1, 2, 31, Gottschedstraße*

Mephisto Bar **(109/D3)**
Faustisches Flair mit rotem Interieur und schönen Theaterfotos lockt Passanten und Kenner zu Kuchen und Cocktails. *Tgl. ab 11 Uhr, Mädlerpassage, Tel. 21 61-022, Straßenbahnen 5, 8, 13, 21, Leuschnerplatz*

Tivoli **(108/C2)**
Hier knallen die Sektkorken und prickeln die Schweißperlen auf der nackten Haut der Show-Schönen. *Mo–Sa 22–5 Uhr, Katharinenstraße 13, Tel. 960 20 71, alle Straßenbahnlinien ins Zentrum*

Tonellis Bluesbar **(108/C2)**
Ab in den gemütlichen Keller! Hier geht zu den Live-Gigs (Sa 21 Uhr) die Stimmung an die Decke. Die Airbrush-Blues-Brothers an der Wand bleiben cool. *Tgl. 20–5 Uhr, Dittrichring 18–20, Tel. 961 59 83, Straßenbahn 21, Bus 89, Thomaskirche*

DISKOTHEKEN/TANZ

College Club Discothek **(109/D2)**
Oldies und Popmusik im ehemaligen »Arbeiter- und Angestellten-Klub«. *Di–Sa ab 23 Uhr, Ritterstraße 16, Tel. 211 43 13, alle Straßenbahnlinien ins Zentrum*

JAM Dance Hall **(108/C2)**
Amerika in L.E.: Ein Schüttel-Schuppen im Centerstil mit Restaurant. Das junge Publikum verausgabt sich in der Mainstream-Disco oder strömt in den dunklen Clubkeller, die Black-Beat-Disco. *Mi, Fr, Sa ab 21 Uhr, Di u. Do Sonderveranstaltungen, Große Fleischergasse 12, Tel. 961 74 32, alle Straßenbahnlinien ins Zentrum*

Kosmophon **(108/C3)**
Kellerclub mit Partys von Brit-Pop bis Techno. Gemütlich verwinkelte Ecken, aber trotz super-

zentraler Lage oft mit zu viel Platz auf der Tanzfläche. *Mi–Sa ab 22 Uhr, Gottschedstraße 1, Tel. 212 68 56, Straßenbahn 21, Bus 89, Thomaskirche*

Lunapark – Haus Auensee (O)
Ultra-Lasershow und Megawatt in historischem Gemäuer. Hier ist man schick und tanzt am liebsten zu den Hits, aber nicht vor 23 Uhr. Der Name erinnert an den einstigen Amüsierpark rund um den Auensee. Im Sommer romantischer Biergarten. *Tgl. ab 20 Uhr, Gustav-Esche-Straße 4, Tel. 566 23 60, Busse 55, 80, Nightliner 5, Auensee*

La Estación (114/B4)
Mexikanische Provinz in Eutritzsch: Beim heißen Salsa in karger Bahnhofsatmosphäre zählen nur noch Rhythmus und Bauch. Hingeh'n und mitmachen! *Do–Sa ab 22 Uhr, Delitzscher Straße 2–14, Tel. 564 14 84, Straßenbahnen 11, 16, 28, Chausseehaus*

Mätzschkers Festsäle (116/A6)
Zuflucht für alle, denen Disko und Techno auf die Nerven gehen. Gepflegt von Wechselball bis Tanztee. *Mi 19–1 Uhr, Do 20–2, Fr, Sa 19.30–2, So 15–18 Uhr Biergarten ab 14 Uhr, Gießerstraße 66–68, Tel. 424 90 21, Straßenbahnen 1, 8, 31, 38, Antonien-/Gießerstraße*

Markt 1 (108/C3)
★ Anzug trifft Blondmähne und umgekehrt. Guggn und Baggern ist Pflicht im kleinen Edelschuppen unter dem Markt. *Tgl. ab 21 Uhr, Freisitz tgl. ab 10 Uhr, Markt 1, Tel. 960 33 06, Straßenbahnen 5, 8, 11, 13, 21, 28, Leuschnerplatz, Bus 89, Markt*

Moritzbastei (109/D3)
★ Eine Institution. In den alten Gewölbekellern hinter dicken Festungsmauern des Studentenclubs ist abends der Bär los: Tanzbare Musik, schrille Konzerte, rustikale Gemütlichkeit auf abgewetzten Holzbänken. Trotz der miesepetrigen Türsteher: Es geht nicht ohne »mb«. *Mi ab 21 Uhr, Fr, Sa ab 21 Uhr Disko und Konzert, Mo, Di, Do und So Sonderveranstaltungen, Universitätsstraße 9, Tel. 70 25 90, Straßenbahnen 5, 8, 11, 13, 21, 28, Leuschnerplatz*

Live-Musik hinter den Festungsmauern der Moritzbastei

Tanzbar Schauspielhaus (108/B2)
Hip für alle, die unbedingt hip sein wollen. In drei Diskos wummern Techno-Beats, Black Music oder Pop. Am besten, frau trägt bauchfrei mit Nabelring. Nette Schummerecken bieten Rückzugsmöglichkeiten. *Tgl. ab 22 Uhr, Dittrichring/Bosestraße 1, Tel. 960 05 96, Straßenbahn 21, Bus 89, Thomaskirche*

KNEIPEN MIT LIVE-MUSIK

Karaoke-Club Kakadu (109/E3)
Bühne frei für Heldenfrust und Sangeslust: Im »Kakadu« singen sich die Stammgäste tapfer durch Evergreens und Charts. *Tgl. 20 bis 5 Uhr, Roßplatz 4, Tel. 211 92 11, Straßenbahnen 2, 5, 16, 21, Roßplatz*

Kosmospolitan (108/C3)
Vorn haben Sie beste Aussicht auf die Thomaskirche, hinten ist alles plüschig bis zu den antik-rot-goldenen Tapeten. Auf der Bühne sitzt immer mal ein Mann am Klavier. *Tgl. ab 11 Uhr, Gottschedstraße 1, Tel. 961 51 11, Straßenbahn 21, Bus 89, Thomaskirche*

Ilses Erika (122/A3)
Club mit Kultstatus. In dem schlecht gemalerten Keller herrscht mit fünf rauchenden Leuten Partystimmung und Bodennebel. Ansonsten gibt's Oma-Sofas und extrablöde Quiz-Shows. Versuchen Sie, um's Eintrittsgeld zu feilschen, es lohnt sich! *Tgl. ab 20 Uhr, Di Show ab 22 Uhr, Mo, Mi–So Konzerte oder Disko ab 23 Uhr, Bernhard-Göring-Straße 152, Tel. 306 51 11, Straßenbahnen 10, 11, 22, 24, 28, Connewitzer Kreuz*

Kulturcafé Alte Nikolaischule (109/D2)
★ Puristisch, licht und erholsam. An den Steinmauern finden sich die Reste alter Inschriften. Leckeres Essen und guter Wein kommen auf den Tisch. Die Aussicht auf die Nikolaikirche gibt es gratis. Perfekt mit Jazz am Abend. *Tgl. ab 10 Uhr, Nikolaikirchhof 2, Tel. 211 85 11, alle Straßenbahnlinien ins Zentrum, Bus 89, Nikolaikirche*

Midlife im Kulturbundhaus (108/A2)
Seit 1911 trafen sich hier Burschenschaften. Heute ein Treffpunkt für Leute ab 30. Kleinkunstkneipe im Neo-Biedermeierstil, jeden Mittwoch Blues-Session. *Tgl. ab 19 Uhr, Elsterstraße 35, Tel. 980 03 24, Straßenbahnen 1, 2, 5, 8, 13, 31, Friedrich-Ebert-/Käthe-Kollwitz-Straße*

Spizz/Kneipe und Musikkeller (108/C2)
★ Blaue Stunde in blauem Interieur, abends viel blauer Dunst. Schönster Café-Blick auf das Alte Rathaus. Szene und Passanten fühlen sich in der Kneipe auf zwei Ebenen wohl. Im kargen Keller machen lokale und berühmte Jazzer Dampf. *Tgl. ab 9 Uhr, Musikkeller Mi ab 21 Uhr, Fr, Sa ab 22 Uhr, Di–Do Jazz-Konzerte, Markt 9, Tel. 960 80 43, alle Straßenbahnlinien ins Zentrum, Bus 89, Markt*

PUBS

Kilkenny Inn (113/F4)
Träumen von den Highlands mit Rum- oder Kirschbier am Kamin und idyllischen Fotos vor Augen. *Mo–Fr ab 11 Uhr, Sa, So ab 17 Uhr, Gohliser Straße 36, Tel. 564 62 78, Straßenbahnen 20, 24, Fritz-Seger-Straße*

KillyWilly (117/F5)
Für Typen, die so schnell nichts umhaut. In dem dunklen, geduckten Häuschen fließt dunkles Bier durch durstige Kehlen. Palaveratmosphäre im urigen Irish-Pub. *Mo–Fr ab 11 Uhr, Sa ab 18 Uhr, So ab 11 Uhr, Karl-Liebknecht-Straße 44, Tel. 213 13 16, Straßenbahnen 11, 28, Arndtstraße*

Durchgedreht von Mixer bis Mühle

Noch bevor die Mauer Deutschland für Jahrzehnte zerschnitt, setzten Studenten auf die Kraft des Wortwitzes und gründeten 1966 das Kabarett »academixer«. Zuerst zogen die Ensemblemitglieder als Laien die Pointenpfeile aus dem Köcher, Mitte der 70er avancierten sie zum Berufskabarett. Mangelwirtschaft, Honecker und was der real existierende Sozialismus zu bieten hatte, nahmen sie aufs Korn – immer bis an die Schmerzgrenze der Partei. So hielten es auch die Leute des Nachkriegskabaretts »Die Pfeffermühle«, das 1954 seine erste Vorstellung in der Kongresshalle am Zoo gab. Wenn es den Oberen zu bunt wurde, dann »kam der Satz zur Premiere raus und nach der 20. Vorstellung wieder rein«, erinnert sich Rainer Otto, der lange bei den Pfeffermüllern Regie führte und heute beim Kabarett Sanftwut inszeniert. Die Wortgewalt beider Bühnen strahlte bis in den Westen aus, das garantierte Freiheiten. Dass Gisela Oechelhäuser – Mitgründerin der academixer und langjährige Chefin der Berliner »Distel« – zuletzt als inoffizielle Mitarbeiterin der Stasi enttarnt wurde, gehört zur Ironie der Geschichte.

Morrison's Traditional Irish Pub **(109/D2)**
Pub zum Wohlfühlen mit stilvoller Bar, gemischtem Publikum und ansprechender Küche. *Tgl. 12–2 Uhr, Ritterstraße 38–40, Tel. 961 59 70, alle Straßenbahnlinien ins Zentrum, Augustusplatz oder Hauptbahnhof, Bus 89, Nikolaikirche*

SZENETREFFS/KNEIPEN

Basa Mo **(109/E4)**
Bringt Farbe ins Leben. Ein bisschen Afrika mitten in Leipzig. Toll für die Teestunde exotischer Art. *Tgl. ab 18 Uhr, Nürnberger Straße 11, Tel. 960 76 54, Straßenbahn 15, Johannisplatz*

Flower Power **(109/D6)**
Finster, finster. Hier leuchtet nur der Flipper, und eine Kuh zieht unverdrossen über der Theke ihre Runden. Witzige Kneipe für Leute mit Stimme, die gegen die Musik ankommt. *Tgl. ab 18 Uhr, Riemannstraße 42, Tel. 961 34 41, Straßenbahnen 11, 28, Hohe Straße*

Johann S. **(108/C3)**
In entspannter, heller Atmosphäre lässt sich gut Cappuccino schlürfen. Mediterranes Flair im Restaurant in der ersten Etage. Im Sommer Freisitz direkt an der Thomaskirche. *Mo–Sa ab 12 Uhr, So ab 17 Uhr, Thomaskirchhof 17, Tel. 212 45 12, Straßenbahn 21, Bus 89, Thomaskirche*

Kitchen **(118/A5)**
Unwiderstehliches Buffet in Kerzenlicht-Atmosphäre. Das Publikum ist so angenehm gemischt wie die Speisen, alles ganz locker. Natürlich in unmittelbarer Knastnähe – nomen est omen. *Tgl. ab 12 Uhr, Arndtstraße 46, Tel. 391 96 44, Straßenbahnen 11, 28, Arndtstraße; Linien 5, 16, Körnerstraße*

Kowalski **(108/B6)**
Lieblingsbuch vergessen? Einfach eins aus den prallvollen Bücherregalen ziehen, einen Korbstuhl ergattern und abtauchen. *Mo–Fr 10–1 Uhr, Sa ab 14 Uhr, So ab 9 Uhr, Ferdinand-Rhode-Straße 10, Tel. 212 60 20, Straßenbahnen 5, 8, 13, 58, Karl-Tauchnitz-Straße/Neues Rathaus*

Letterman **(108/C3)**
★ Der Name erinnert ans DDR-Postamt im Kosmoshaus. Heute eine Art VIP-Lounge mit Pracht-Tapete und absichtsvoll verblichenem Charme. Wer einen Ohrensessel erwischt, steht nicht mehr auf. *Tgl. ab 15 Uhr, Gottschedstraße, Tel. 961 12 39, Straßenbahn 21, Bus 89, Thomaskirche*

Luise **(108/B2)**
Großzügige, angenehme Kneipe zum Quasseln von Früh bis Spät. Mütter mit Kinderwagen gehen hier genauso gern hin wie Kulturschaffende. *Tgl. ab 10 Uhr, Bosestraße 4/Ecke Gottschedstraße, Tel. 961 54 88, Straßenbahnen 1, 2, 31, Gottschedstraße oder 21, Thomaskirche*

Maga Pon **(108/B2)**
Der Waschsalon unter den Kneipen. Netter Service, gute Küche und ein kleiner Freisitz unter alten Bäumen, der viel zu früh dicht machen muss. *Tgl. 9–3 Uhr, Gottschedstraße 11, Tel. 960 79 22, Straßenbahnen 1, 2, 31, Gottschedstraße*

Markt Neun **(108/C2)**
Auf kultivierte Art abgerissen. Eingeweihte versteh'n es schon, die anderen kommen immer häufiger. *Tgl. ab 9 Uhr, Barfußgäßchen 6, Tel. 211 13 86, alle Straßenbahnlinien ins Zentrum, Goerdelerring*

Musikkloster Sixtina **(109/D2)**
Michelangelo lässt grüßen. Dicke Engel schweben am barock bemalten Kreuzgewölbe. Unten treffen sich Schwarzgewandete und Normalsterbliche zu einem Bier bei Depeche-Mode-Musik. *Tgl. ab 16 Uhr, Katharinenstraße 11, Tel. 961 67 00, alle Straßenbahnlinien ins Zentrum*

Ofenrohr **(113/F5)**
Schnuckelige Kneipe, wo es ordentlich etwas auf die Gabel gibt. Die Seele wärmt sich an den Prachtöfen und Öfchen, die der Wirt zum Teil eigenhändig zusammenbastelte. *Tgl. 11.30–24 Uhr, Gohliser Straße 13, Tel. 564 07 77, Straßenbahnen 20, 24, Fritz-Seger-Straße*

Volkshaus **(117/F5)**
Viel Platz für alle und für jeden Geschmack etwas – von Rotkohleintopf bis Tex-Mex-Ribs. *Tgl. ab 11 Uhr, Karl-Liebknecht-Straße 30–32, Tel. 212 72 22, Straßenbahnen 11, 28, Arndtstraße*

KABARETT

academixer **(109/D3)**
★ Traditionell politisches Kabarett mit einem Ensemble, das mit schauspielerisch-satirischem Talent glänzt. Unbequem bis zur Marcel-Breuer-Bestuhlung (Bauhaus) und weithin bekannt durch die Gründer Bernd-Lutz Lange und Gunter Böhnke. In der Kabarett-Kneipe, mit Accessoires des Genres ausgestattet und von Insidern nur »Mixer« genannt, sitzen Sie vorher und nachher Seite an Seite mit den Künstlern. *Kupfer-*

gasse 6, Kneipe ab 18 Uhr, Tel. 960 48 48, alle Straßenbahnlinien ins Zentrum, Augustusplatz

Bocaccio **(117/F6)**
Wechselnde Gastspiele im intimen Hinterhoftheater reizen die Lachmuskeln. Hübscher Innenhof für die Verschnaufpausen. *Kurt-Eisner-Straße 43, Tel. 301 01 12, Straßenbahnen 11, 24, 28, 58, Karl-Liebknecht-/Kurt-Eisner-Straße*

Gohglmohsch **(108/C3)**
Mit scharfer Zunge und Mundart schart das Ensemble seit 1992 eine Fangemeinde um sich. Das »Säggssche Ginsdlerbluhd« gerät bei den Programmen à la Lene Voigt, der Mutter der »Glassiger«-Parodien, in Wallung. *Gottschedstraße 1, Tel. 961 51 11, Straßenbahn 21, Bus 89, Thomaskirche*

Kabarett-Theater Sanftwut **(109/D3)**
Musikkabarett voller improvisatorischer Ideen bringt die Gruppe um Uta und Ingolf Serwuschok auf die Bretter. Davor und danach ist man in der Sanftwut-Kneipe gut aufgehoben. *Mädlerpassage (Aufgang D), Tel. 961 23 46, Straßenbahnen 5, 8, 13, 11, 21, 28, Leuschnerplatz*

Leipziger Funzel **(109/D2)**
Unterhaltsame Programme mit einem Schuss schwarzen Humor heckt das Team um Thorsten Wolf aus. Der junge Funzel-Chef nannte sich selbst bescheiden »Woody Allen von Leipzig«. Interessante Gastspiele in der Spielstätte im »Strohsack«. *Nikolaistraße 6–10, Tel. 960 32 32, alle Straßenbahnlinien ins Zentrum, Augustusplatz, Bus 89, Niklolaistraße*

Leipziger Pfeffermühle **(108/C3)**
Der Alltag wird hier gnadenlos durchgedreht: Das älteste Leipziger Kabarett (seit 1954) streut Scharfes in ausgefeilter Ensemble-Inszenierung in die Runde. Das alles präsentiert in einem angenehm renovierten Bühnenraum im Bosehaus. Im Innenhof lädt der Pfeffermühlenclub zu einem Bier oder Wein. *Thomaskirchhof 16, Tel. 960 32 53, 960 31 96, Straßenbahn 21, Bus 89, Thomaskirche*

KINOS

Bofimax **(O)**
Wenn in der City schon längst alle Karten weg sind, findet man in diesem Mulitplexkino immer noch einen Platz. *Ludwigsburger Straße 13, Tel. 42 69 60, Straßenbahnen 1, 8, 31, Stuttgarter Allee*

Capitol **(108/C3)**
Popcornkino im besten Sinne. Im großen Saal mit seiner guten Akustik und den dicken, blauen Sesseln, hält man jeden Film mit Überlänge aus. Das alles ganz zentral, in den Räumen des alten Messehauses Petershof. Am Wochenende Schlange stehen. *Petersstraße 20, Tel. 960 41 53, Straßenbahnen 5, 8, 11, 13, 21, 28, Leuschnerplatz*

Kino im Grassimuseum **(109/F3)**
Exzellentes Programmkino, Dokumentarfilme und viele Streifen in Original mit Untertitel. *Täubchenweg 2d, Tel. 960 48 38, Straßenbahnen 4, 6, 15, 20, 56, Johannisplatz*

Kinobar Prager Frühling **(122/A3)**
Klein und kuschlig. Intimes Kinoerlebnis mit Highlights für Cineasten. Danach ab in den Keller, wo der Club Ilses Erika ein schril-

les Programm durchzieht. *Bernhard-Göring-Straße 152, Tel. 306 53 33, Straßenbahnen 10, 11, 22, 24, 28, Connewitzer Kreuz*

Passage Kinos (108/C2)
Modernes Glitzerkino. Wer Lust auf interessante Filme hat, ist hier richtig – landet aber mit ein wenig Pech im Schuhkarton-Saal. *Hainstraße 19a, Tel. 217 38 60, alle Straßenbahnlinien ins Zentrum*

Regina Kinocenter (118/C3)
Konfektionskino mit Sitzkomfort und allem, was Hollywood so bietet. *Dresdner Straße 56, Tel. 649 21 11, Straßenbahnen 4, 6, 15, 20, 56, Gerichtsweg*

Schaubühne im Lindenfels (116/B4)
In dem charmanten Haus geben sich auf der Leinwand alle berühmten europäischen Filmemacher ein Stelldichein. *Karl-Heine-Straße 50, Tel. 48 46 20, Straßenbahn 2, Karl-Heine-/Merseburger Straße*

Schauburg (116/A6)
Ausstattung normal, Filmangebot mit Rosinen, die nicht in Kalifornien reiften. *Antonienstraße 21, Tel. 424 46 41, Straßenbahnen 1, 3, 4, 8, 31, Adler*

KONZERTE

Bach-Archiv Leipzig (108/C3)
Einmal wöchentlich Kammermusik des 18. Jhs. – zum Teil auf historischen Instrumenten. *Thomaskirchhof 15–16, Tel. 964 41, Straßenbahn 21, Bus 89, Thomaskirche*

Gewandhaus (109/F3)
★ Klassiker und zeitgenössische Musik auf höchstem Niveau, au-

Gewandhausorchester: Erlesenes Volksgut

Das Gewandhaus ist eine Art Stadtheiligtum. Schließlich waren es 16 Bürger und Adlige Leipzigs, die 1743 das Große Concert gründeten und jährlich zwanzig Taler und vier Louisdor für künftigen Kunstgenuss auf den Tisch legten. Auf der künstlerischen Seite standen dem »16 auserlesene Personen«, Laienmusiker allesamt, gegenüber. 1744 zogen die Veranstaltungen aus Privaträumen ins Gasthaus »Drey Schwanen« am Brühl. Schon hier finden sich die Grundzüge der späteren Gewandhauskonzerte. Sie sind bürgerlich, bodenständig, beliebt und dabei hoch artifiziell. Doch das war erst das Vorspiel. Der Thomaskantor Johann Adam Hiller vollführte 1775 dann den Paukenschlag, indem er die »Musikübende Gesellschaft« gründete. Der Zulauf war so überwältigend, dass er das Angebot der Stadt, ein Geschoss im Gewandhaus, dem Messehaus der Tuchmacher und Wollhändler, zum Konzertsaal auszubauen, annahm. In wechselnden Spielstätten gaben sich fortan namhafte Komponisten und Kapellmeister die Klinke in die Hand: Felix Mendelssohn Bartholdy und Arthur Nikisch etwa, vor und nach der Wende der charismatische Kurt Masur und heute Herbert Blomstedt. Zunehmend öffnet sich das Haus auch der zeitgenössischen klassischen Musik, dem Jazz und der U-Musik.

ßerdem anspruchsvolle Aufführungen des MDR-Symphonieorchesters, des Thomanerchors sowie Gastspiele internationaler Solisten. Ausgewählte Jazz-Konzerte. *Augustusplatz 8, Tel. 12 70-280, Gewandhauskasse Mo 13–18, Di–Fr 10–18, Sa 10–14 Uhr. Tel. Ansage Konzertplan 12 70-480, alle Straßenbahnlinien ins Zentrum*

Gohliser Schlößchen (113/E5)
Konzerte im historischen Rokokolandschloss. Gohliser Bürgerkonzerte erklingen am letzten Sonntag im Monat, jeden zweiten Sonntag im Monat stellen sich die Studierenden der Hochschule für Musik und Theater Mendelssohn-Bartholdy mit Konzerten vor. *Menckestraße 23, Tel. 58 96 90, Straßenbahn 6, Menckestraße*

KULTURZENTREN

Anker e.V. (112/C3)
Folk, Rock, Metal – im Anker treffen sich alle, die vom Mainstream-Gedudel die Nase voll haben. Handgemachte Musik von Insiderbands. *Knopstraße 1, Tel. 912 83 27, Straßenbahnen 11, 28, Möckern, historischer Straßenbahnhof*

Werk II Kulturfabrik Leipzig (122/A2)
In den alten Fabrikhallen schlägt das Herz der Connewitzer Kulturszene. Filme, Lesungen, Theater, Kurse, Kneipe – das Werk II hat so viel Platz und Ideen wie finanzielle Probleme. Unbedingt sehenswert: Das Festival für Off-Theater im Herbst. *Kochstraße 132, Tel. 308 01 21, Straßenbahnen 11, 24, 28, Connewitzer Kreuz*

OPER/OPERETTE

Opernhaus (109/E2)
Seit 1990 macht sich die Oper mit mutigen, modernen Inszenierungen einen Namen weit über die Stadtgrenzen hinaus. Das Musikmagazin »Scala« kürte das Haus zur drittbesten Oper Deutschlands. Hervorragende Ballettaufführungen. Im Orchestergraben spielt das Gewandhausorchester. Das Haus von 1960 (ca. 1400 Plätze) ist eine Mi-

Spieglein, Spieglein … Leipzigs Oper hat einen guten Namen im ganzen Land

schung aus Hommage an den klassizistischen Vorgängerbau und sozialistischer Sachlichkeit. Im Kellertheater wird Experimentelles geboten. *Augustusplatz 12, Tel. 12 61-0, alle Straßenbahnlinien ins Zentrum*

Haus Dreilinden **(116/C3)**
Die leichte Muse zwinkert hinter dem Vorhang dieses ehemaligen Varietés hervor: Rund 500 Gäste können hier sympathische und berauschende Operetten- und Musical-Abende erleben. *Dreilindenstraße 30, Tel. 48 35-0, Straßenbahnen 4, 5, 8, 13, 15, 17, 27, Angerbrücke*

THEATER

Horch und Guck **(108/C2)**
Die Augen werden groß und staunen, was junge Theatermacher zu Wege bringen. *Schauspielhaus, Eingang Gottschedstraße, Tel. 12 68-0, Straßenbahnen 1, 2, 31, Gottschedstraße; 21, Thomaskirche*

Loft **(116/B3)**
Ein frischer Theaterwind fegt durch das Haus der Volkskunst, seit dort freie Gruppen den Spielplan machen. Das Niveau variiert, Spannung und Überraschungen sind garantiert. *Lindenauer Markt 21, Tel. 486 60-0, Straßenbahnen 5, 13, 15, 17, 35, Lindenauer Markt*

Neue Szene **(108/B2)**
Ableger des Schauspielhauses. Moderne Inszenierungen, wechselnde Regisseure mit viel Publikumsnähe. In der Neue-Szene-Kneipe sitzt man auf alten Eisenbahnlederbänken. *Gottschedstraße 16, Tel. 12 68-0, Straßenbahnen 1, 2, 31, Gottschedstraße*

Schauspiel Leipzig **(108/C2)**
Einfallsreiche Streifzüge durch die Theatergeschichte. Hier inszenieren der Intendant und Gäste. Intensive Theatererlebnisse im kleinen »Theater hinterm Eisernen Vorhang«. *Bosestraße 1, Tel. 12 68-0, Straßenbahnen 1, 2, 31, Gottschedstraße; Bus 89, Thomaskirche*

Theater fact **(108/C2)**
Wenn sich bildende Künstler und Leute mit Ahnung von Tanz und Schauspiel zusammentun, entsteht ungewöhnliches Theater, das die Sinne anspricht. Stimmungsvoll: die Sommerfreiluftaufführungen im Renaissancehof. *Hainstraße 1 (Barthels Hof), Tel. 961 40 80, alle Straßenbahnlinien ins Zentrum*

Theater der Jungen Welt **(108/A2)**
Engagiertes Kinder- und Jugendtheater mit einem halben Jahrhundert Tradition. Liebenswerte Puppenspiele. *Lindenauer Markt 21 (Haus der Volkskunst), Tel. 486 60-0, Straßenbahnen 5, 13, 15, 17, 35, Lindenauer Markt, und Elsterstraße 22–24 (Haus Leipzig), Straßenbahnen 1, 2, 5, 8, 13, 31, Friedrich-Ebert/Käthe-Kollwitz-Straße*

Varieté-Theater Krystallpalast **(109/D3)**
★ Der Name ist eine Reminiszenz an das größte Varieté Europas, das von 1882 bis 1943 in Leipzig war. Viel kleiner, aber mit einem überraschenden Kuppelsaal verzaubert das Varieté heute zeitgemäß mit Entertainern und Magiern. Schön sitzt man auf der Empore. In der Varietékneipe gibt es leckeres Essen. *Magazingasse 4, Tel. 14 06 60, Straßenbahnen 5, 8, 11, 13, 21, 28, Leuschnerplatz*

Leipzig zwischen Kauflust und Romantik

Die hier beschriebenen Spaziergänge sind in der Übersichtskarte auf dem hinteren Umschlag und im Cityatlas ab Seite 108 grün markiert

① PLAGWITZ IM WANDEL

Bei Sonnenschein geht's raus aufs Wasser. Rudern wird belohnt: Aus der Entenperspektive enthüllt der ehemalige Industriestadtteil Plagwitz ein neues Gesicht. Vom Arbeiterviertel zum Expo-2000-Standort, romantisch, imposant, irgendwo zwischen Docklands und Klein Venedig. Wer sich auf der Kahnpartie über die Weiße Elster treiben lässt, sollte einen halben Tag für den Ausflug einplanen.

Los geht es am *Leuschnerplatz* mit der Straßenbahn Linie 8 Richtung Lausen bis zur Haltestelle Oeserstraße. Von hier ist es nur noch ein Katzensprung um die Ecke bis zum *Bootsverleih Herold (S. 104)* an der Weißen Elster. Die Herolds haben gut ein Jahrhundert Erfahrung im Bootsbau. Damals gründete Julius H. Seifert das Unternehmen, und die Verleihboote gehörten bald so fest zur Firma wie die nette Tradition, am Bootshaus Bier oder Kaffee und Kuchen anzubieten. Gleich nach dem Ablegen verebbt der Straßenlärm. Das Boot gleitet an Kleingartenanlagen und dicht bewachsenen Ufern entlang. Idylle, in der ufernahe Grundstücke mit schicken Eigentumswohnungen bebaut wurden. Daneben liegen aber auch schon Industriebrachen, denn mit jedem Ruderschlag nähern Sie sich Plagwitz. Das mauserte sich Mitte des 19. Jhs. vom verschlafenen Dörfchen jenseits der sumpfigen Elster-Pleiße-Aue zum ersten Industriestandort Leipzigs. Wie gewaltig die Ausmaße waren, wird spätestens nach der Unterquerung der Industriestraße sichtbar: Beiderseits der Elster erstreckt sich der gewaltige Komplex der Buntgarnwerke (1879–1925).

Das größte Gründerzeit-Industriedenkmal Deutschlands ist ein Paradebeispiel für den Wandel des Viertels: Wo einst Maschinen wummerten und Menschen für die Sächsischen Wollgarnwerke schufteten, sind an der Nonnenstraße Restaurants, Buchhandlungen, Galerien, Arztpraxen, Post und Verwaltung eingezogen. Zum Wasser und zur Holbeinstraße entsteht unter aufwendiger Sanierung ein Yuppie-Paradies: Lofts samt Tiefgarage und 500 qm Dachgarten. Londoner Docklands mitten in Leipzig. Das Motto der Expo 2000 – »Den Wandel zeigen« – wird hier erlebbar.

Bevor Sie an den himmelhohen Fassaden entlanggleiten, gönnen Sie sich vielleicht noch einen Abstecher in den von dem Industriepionier Karl Heine um Mitte des 19. Jhs. angelegten Kanal, der direkt nach der Brücke Industriestraße abzweigt. Sie unterfahren hier die malerische, originalgetreu sanierte Nonnenbrücke von 1893 und manövrieren das Boot durch die mit 5,50 m schmalste Stelle des Kanals. Das 2,5 km lange Teilstück präsentiert sich heute einladend wildromantisch. Hier begegnen die Ruderer mitunter dem kleinen Ausflugsdampfer *MS Weltfrieden,* als erstes Schiffchen Deutschlands umweltfreundlich mit Wasserstoff angetrieben *(Anlegestelle Am Kanal 28, Alte Mörtelfabrik).* Seit der Entschlammung ist der üble Geruch aus dem Kanal verschwunden, typische Pflanzen blühen am Rand, und die ehemalige Verladestation oberhalb des Südufers soll für die Expo 2000 zum Stadtteilpark umgestaltet werden. Natürlich sind auch hier noch Spuren des Verfalls zu sehen.

Zurück auf der Weißen Elster, vorbei an den Ziegelfassaden der Buntgarnwerke, unter der bei Malern beliebten Stahlkonstruktion Könneritzbrücke hindurch, ist es Zeit für eine Kaffeepause: Das Restaurant *Weiße Elster (tgl. 12–24 Uhr)* hat eine eigene Anlegestelle und eine Terrasse über dem Wasser. Das Haus selbst ist eine typische Symbiose aus Alt und Neu. An den Komplex der einstigen Kragenfabrik wurden attraktive Wohnungen angebaut. Wer jetzt noch Puste und Zeit hat, rudert weiter Richtung Palmengartenwehr, schifft vielleicht sogar durch das Elsterflutbett. Zurück müssen Sie in jedem Fall, denn durch die Wehre ist kein Rundkurs möglich.

② VERGNÜGLICHER PASSAGENBUMMEL DURCH DIE INNENSTADT

Die angenehmste Art, in Leipzig Sightseeing und Einkaufsbummel zu verbinden, ist ein Spaziergang durch die Passagen. Wie pulsierende Lebensadern ziehen sich die überdachten Gassen und Straßen durch die City. In ihren Lichthöfen kristallisiert sich das Leben: Ateliers und Kommerz, Cafés und Kabaretts, Buch und Kunst treffen aufeinander. Ganz nebenbei durchschreiten Sie die schönsten ehemaligen Messepaläste und Handelshöfe der Stadt. Lassen Sie sich zwei bis drei Stunden Zeit für Ihre Expedition.

Der Rundgang beginnt schräg gegenüber vom Kaufhaus C&A in der Petersstraße. Hier leuchtet einem die helle, reich verzierte Fassade von *Stentzlers Hof* entgegen. Nach der Wende hätte wohl kaum einer geglaubt, dass das bröckelnde Messehaus von 1916 eine solche Renaissance erleben würde. Millionen wurden verbaut, bis an der Ecke wieder Roland mit seinem Schwert über die

Marktfreiheit wachen konnte. Durch den Lichthof kommt man zu einem mexikanischen Restaurant, nett für einen scharfen Mittagsimbiss. Über die breite, neu gepflasterte Petersstraße gelangen Sie – gegenüber vom Capitol-Kino – in die *Messehof-Passage,* einen typischen 50er-Jahre-Bau mit sprödem Charme. Hier fanden noch bis 1997 zahlreiche Messen statt. In der niedrigen Messehof-Eingangshalle lohnt ein Blick auf die marmorne Pilzsäule. Sie war jüngst stilbildend für modern-stählerne Nachfolger im Strohsack am Nikolaikirchhof. Der niedrige Durchgang verbindet die Petersstraße mit dem *Neumarkt* und ist eine Fundgrube für alle, die Plauener Spitzen oder Kunsthandwerk aus dem Erzgebirge suchen. Am Neumarkt stehen Sie direkt vor der Mutter der Messepaläste, dem prächtigen *Städtischen Kaufhaus (S. 24)* von 1893. Jahrelang blockierten ungeklärte Eigentumsansprüche die Sanierung. Jetzt etabliert sich das wunderbare Haus mit dem Yuppie-Restaurant *Kaiser Maximilian (S. 53)* und dem *Designer Outlet Center (S. 59),* leider nur zögernd, als Shopping-Adresse.

Ein paar Schritte den Neumarkt hinab, dann geht es links in die wohl berühmteste Leipziger Passage: die *Mädlerpassage (S. 21).* Die Mailänder Galleria Vittorio Emmanuele stand 1914 Pate für das L-förmige Prachtstück. Der Modeladen am Neumarkt prunkt mit extravaganter Deko: Das opulente Deckenfresko »Helios im Sonnenwagen« ist ein historisches Überbleibsel. An der achteckigen Rotunde hat das Kabarett Sanftwut seine Pointen-Werkstatt. Ein schlichtes Meißner Glockenspiel erklingt hier alle Stunde. Zum Advent glänzt ein 10 m hoher (künstlicher) Weihnachtsbaum. »Leute gucken« macht in dieser Passage zu jeder Jahres- und Tageszeit Spaß, zum Beispiel bei einem Wein im Bistro *Kümmelapotheke (S. 47)* an der Rotunde. Ein weiterer Blickfang auf dem Weg zur Grimmaischen Straße sind die Bronzefiguren von Faust, Mephisto und den Studenten am Eingang zum legendären *Auerbachs Keller (S. 17, 50).* Den besten Baumkuchen und die Leckerei »Leipziger Lerchen« können Sie in der parallel laufenden, schlichten Königshauspassage probieren. Hier lockt das traditionsreiche *Café Corsoela (S. 47).* Unter freiem Himmel geht es nur ein kurzes Stück über die Grimmaische Straße, dann in die Reichsstraße hinein. Rechts liegt *Specks Hof (S. 24),* ein weiteres Sahnestück der Messehausarchitektur. Wenn Sie Glück haben, ist am Abend in der *Connewitzer Verlagsbuchhandlung (S. 60)* wieder eine der Lesungen von prominenten Autoren angesagt. Stöbern lässt sich in dem 1990 linksalternativ gestarteten Laden sehr gut. Ein bisschen Sightseeing zwischendurch? Da reicht der Blick hoch in die Lichthöfe. Hier haben junge Künstler aus Leipzig, Berlin und Halle poppige Akzente gesetzt. Vielleicht am schönsten gelungen in Hof B, wo der Hallenser Moritz Götze in bunter Keramik die Geschichte der Messe an die Wand brachte.

Über den Nikolaikirchhof gelangen Sie in die Ritterstraße, da geht es durch die Nr. 7 gleich wieder hinein ins Passagensystem. Der *Strohsack* ist eine nicht unumstrittene Lösung aus Alt und Neu. In jedem Fall ein modernes Domizil für das Kabarett Die Funzel, das öfter mal Gaststars an Land zieht. Schauwert haben auch die Ausstellungen der *Galerie Kunst & Objekte.* Im Lichthof an der Nikolaistraße tauchen dann besagte Pilzsäulen nach Messehofmanier wieder auf. Witziges Detail ist die begehbare Uhr. Der Leipziger Maler Reinhard Minkewitz schuf einen Mann und eine Frau als Zeigerfiguren, die wohl auf ewig aneinander vorbeilaufen werden.

Auf der Nikolaistraße befinden Sie sich im ehemaligen Revier der Rauchwarenhändler. *Steibs Hof* gehört zu den Pelzhäusern der Dynastien, die Leipzig Mitte des 18. Jhs. zum bedeutendsten Pelzzentrum Europas machten. Jetzt sind hier Antiquitäten zu haben, in der Kneipe *Charivari* geht's locker zu, beim Griechen *Nikolai Pallas* eher gediegen. Abends stimmungsvoll: Der Hof wird indirekt über angestrahlte Spiegel beleuchtet. Natürlich führt die Passage zum Brühl *(S. 26),* der bis 1938 Hauptstraße der Rauchwarenhändler war. Richtung Richard-Wagner-Platz hat Am Hallischen Tor das Marriott-Hotel eröffnet. Zu diesem Komplex gehören die *Brühl-Arkaden,* schrillste Neubaupassage der Stadt. Hier hat der junge Leipziger Pop-Art-Künstler Michael Fischer-Art seine Acrylfarbtuben aufgedreht. Großflächig erzählen seltsame Wesen die Geschichte vom Koffermann, der in Leipzig sein Glück machen will.

Zurück am Brühl, geht es vorbei am Romanushaus/Ecke Katharinenstraße bis zur *Hainstraße,* einer attraktiv wiederbelebten Flaniermeile mit Mode-, Leder- und Buchläden. Von hier gelangen Sie rechts in den schlichten, hell gekachelten *Jägerhof,* in dem die *Passage-Kinos (S. 87)* ein ungewöhnliches Konzept verwirklichen. Vom Lichthof aus führt jede Tür direkt in einen anderen Kinosaal. Richtiges Theater, im Sommer auch draußen, spielt das freie *Theater fact (S. 89)* in *Webers Hof (Hainstraße 3).* Die Architektur-Interessierten können notieren, dass das Haus typisch ist für den Übergang vom Barock zur Renaissance im 17. Jh. Heute interessiert es allerdings mehr als Durchgang zum bedeutenderen *Barthels Hof (S. 18, 50).* Der ist eigentlich keine Passage, sondern eben ein Durchhaus mit weitläufigem Hof, historischem Gasthaus und einer Puppenklinik von Heide & Gabor Zsvita. Am originellen Frisiertheater gelangt man auf die Kleine Fleischergasse, überquert nur kurz das Barfußgäßchen und kann gleich bei *Zills Tunnel (S. 55)* in die *Handwerkerpassage* einbiegen. Freilich: Handwerker gibt es seit der Sanierung eigentlich keine mehr, dabei hatte sich der Komplex erst im Oktober 1989 unter diesem Namen ein neues Konzept verpasst. Zu den alten Mietern gehört nur noch die Bilder- und Kartenboutique Näther. Ansonsten ist der schlichte Durchgang mit dem Mexikaner *Tapa Mundo* und der *In-Kneipe Bellini's* ein Ableger der Vergnügungsmeile Drallewatsch geworden. Am Markt 10 hat das *Polnische Institut* seine Räume, in denen ausgesuchte Ausstellungen stattfinden. Zurück auf dem Markt, stehen Sie wieder im Herzen der Stadt.

Im Land der Ritter, Töpfer und Freizeitkapitäne

Zwischen Dessau und Döbeln können Tagestouristen Geschichte(n) in Picknicklaune erfahren

BURG UND TALSPERRE KRIEBSTEIN

B 2/B 95 Richtung Borna, vor Borna auf der B 176 über Bad Lausick nach Colditz. Der B 176 Richtung Döbeln folgen. An der Schnittstelle mit der B 175 nach Rochlitz einbiegen, und noch vor Geringswalde Abzweig Richtung Mittweida. Ab Schweikershain den Hinweisschildern zur Talsperre folgen. Großer Parkplatz in See- und Burgnähe. Eine Strecke ca. 70 km, 1,5 Stunden Fahrzeit.

Von Leipzig ins Grüne? Da fällt selbst Messestädtern spontan die Sächsische Schweiz ein. Nur dass die schon ein gutes Stück hinter Dresden liegt. Zwischen Mulde und Zschopau erstreckt sich scheinbar touristisches Niemandsland, das seine Reize erst langsam über die Region hinaus entfaltet. Genau das Richtige für einen schönen Ausflug. Abseits des Massentourismus gleitet der Blick über sanfte Hügel, malerische Flusstäler und trutzige Burgen. Ziel ist Burg Kriebstein, ein echtes Vorzeigeschloss: gotisch, geheimnisvoll und an den Fels gebaut wie ein Adlerhorst.

Vorerst folgen Sie der Einladung raus aus der Stadt über die B 2 vorbei an den Kraftwerkschloten von *Espenhain.* Hier verdunkelte zu DDR-Zeiten Braunkohleruß den Himmel, was dem nahe gelegenen Örtchen *Mölbis* den zweifelhaften Ruf als »dreckigstes Dorf Europas« einbrachte. Vor Borna geht es links ab auf die B 176, und schon mischt sich die Tagebaulandschaft von Bockwitz mit dem anderen, ursprünglichen Leipziger Land. Eine Wald- und Wiesenlandschaft tut sich auf, bald ist *Bad Lausick* in Sicht.

Auf den ersten Blick wirkt das 900-jährige Städtchen gar nicht so attraktiv. Schaulustige wagen aber einen Abstecher ins Zentrum. Überraschend stattlich erhebt sich hier die *St.-Kilians-Kirche* aus dem frühen Mittelalter. Besonders stolz ist die Gemeinde auf die barocke Orgel des sächsischen Orgelbaumeisters Gottfried Silbermann. Seit ein paar Jahren hat die Kurstadt sogar eine echte, na ja fast echte Ritterburg: Hinter den dicken Mauern der *Hudelburg (Mo–Fr 17–24, Sa, So 12–24 Uhr, Kirschallee 1, Tel. 034345/256 40)* verbirgt sich ein zünftiges Restaurant. Mit dem Burg(neu)bau haben sich zwei Leipziger einen Jugendtraum erfüllt. Mittelalterlich sind nur die Tischsitten: Den Löffel darf man mitbringen, ansonsten wird mit den Fingern gegessen.

Bevor Sie der Völlerei verfallen, folgen Sie wieder der Bundesstraße, diesmal Richtung *Colditz.* Spitze Zungen behaupten, dass mehr Engländer als Deutsche das 6000-Einwohner-Städtchen an der Mulde kennen. Das hängt vor allem mit einer englischen Fernsehserie über das *Schloss* zusammen, in dem die Nazis alliierte Offiziere internierten. So manchen gelang die Flucht; der kühnste Plan, vom Schlossdach mit einem Fluggleiter zu entkommen, schlug fehl. Die Fluchttunnel und ein Modell des Fluggeräts sind im *Museum* zu besichtigen *(tgl. 10–17 Uhr, Schloßgasse 1, Tel. 034381/449 87).* Vom Zentrum aus ist das Schloss in ein paar Gehminuten erreicht, und auf dem Rückweg lassen sich im *Schloßcafé* oder *Bistro am Markt* noch ein paar Ansichtskarten schreiben.

Danach kurven Sie gemütlich durch die erholsam unspektakuläre Landschaft. Die Fahrt geht dem Zschopautal entgegen, wo 1927–30 ein 9 km langer Stausee entstanden ist: Die *Talsperre Kriebstein.* Ursprünglich zur Energiegewinnung und zum Schutz vor Hochwasser angelegt, hat sich hier ein schönes, kleines Freizeitgelände entwickelt (Talsperrenfest im Juli). Hinter Höfchen gibt es einen großen Parkplatz.

Sonntags braucht man nur den Tagestouristen zu folgen. Durch den Wald gelangt man in zehn Minuten zum Ufer. Die Traditionsgaststätte *Seeterrasse (Tel. 034327/902 80, Kategorie 2)* lädt zur Pause ein, dabei können die Gäste schon mal den ablegenden Fähren und Ausflugsdampfern zuschauen *(Mai–Sept. halbstündlich)* und dann selbst in See stechen. So eine Schiffsfahrt verschafft den schönsten Eindruck von der Landschaft. Überall ducken sich Wochenendhäuschen in den Wald, und Freizeitkapitäne machen ihre Boote flott.

Wieder festen Boden unter den Füßen? Zum Abschluss der Höhepunkt: Eine Wanderung durch den Wald bergauf, bergab zur *Burg Kriebstein* (ein kleines Stück Richtung Parkplatz, dann den Schildern folgen). Geradezu uneinnehmbar wirkt die besterhaltene Anlage aus dem 14. Jh., die auf einer Klippe hoch über der Zschopau thront *(Mai–Sept. tgl. 9–18 Uhr, März, April, Okt., Nov. 10–16 Uhr, Mo geschl.).* Der mächtige Wohnturm ist bis zur Wetterfahne 45 m hoch. Die Erkertürmchen machen die pittoreske Silhouette der Ritterburg perfekt. Durch die engen Gänge der Anlage gelangen die Besucher zum Beispiel in das Schatzgewölbe oder das 1999 eingebaute Kriebsteinzimmer. Auch die Burgkapelle wurde wieder eröffnet. Tipp für Romantiker: Im Winter locken am Wochenende »Geheimnisvolle Führungen« mit Geistern und Kerzenschein in die Burg *(Voranmeldungen unter der Tel. 034327/952 30).*

Für den Rückweg zum Parkplatz können Sie die Landstraße wählen, das geht schneller als durch den Wald, auch wenn's nicht ganz so schön ist. Dann nur noch den Autopiloten einstellen: Abflug nach Leipzig.

MULDENTAL/KLOSTER NIMBSCHEN

Über die Prager Straße am Völkerschlachtdenkmal vorbei Richtung Liebertwolkwitz. Fahrt über Großpösna und die Dörfer Threna, Köhra, Pomßen und Grethen nach Grimma. Mit dem Schiff nach Höfgen, Übersetzen mit der Seilfähre, dann zu Fuß bis zur Klosterruine Nimbschen. Autofahrt eine Strecke ca. 30 km, 45 Minuten Fahrzeit, Schiffsfahrt rund 20 Minuten.

Sicher, Sie können auch Autobahn fahren. Aber wozu im Urlaub hetzen, eine Tour über die Dörfer bringt Ausflügler fast genauso schnell in die Muldestadt Grimma. Die besteht im Jahr 2000 seit 800 Jahren. Dafür hat sich die »Perle« im Muldental kräftig herausgeputzt. Und stolz erinnert sie an Figuren, die Stadtgeschichte schrieben: den Goethe-Verleger Georg Joachim Göschen zum Beispiel oder den mit Leidenschaft spazierenden Dichter Johann Georg Seume. Die Hauptrolle fällt – selten genug – einer Dame zu: Katharina von Bora, die Frau Martin Luthers, lebte im Kloster Nimbschen bei Grimma. Ein Ausflug auf ihren Spuren führt ins reizvolle Kloster- und Mühlental, hinein in die weite Flusslandschaft, zurück zur Geschichte einer sagenhaften Nonnenflucht... Das *Völkerschlachtdenkmal* an der Prager Straße markiert den Weg aus der Stadt und erinnert daran, dass schon die nächste Gemeinde – *Liebertwolkwitz* – in der Reiterschlacht 1813 gegen Napoleon hart umkämpft war. Über die Dörfer geht es bis *Grimma,* geradewegs hinein in den Stadtkern. Richtig malerisch ist der Markt mit seinen Renaissance- und Barockfassaden rundherum. Das Vorzeigestück ist das hübsche *Renaissancerathaus* von 1585, das zum Stadtjubiläum frisch saniert erstrahlt. Hier bietet sich das *Café am Markt (Markt 10)* für eine Kaffeepause an.

Dann fahren Sie weiter zur Mulde, wo an der Anlegestelle »Hängebrücke« stündlich die Schiffchen ins zauberhafte *Kloster- und Mühlental* starten *(Fahrsaison Ende März–Nov. 10–18 Uhr).* Das Auto wird auf dem Parkplatz an der *Gattersburg* abgestellt. Die Burg ist eigentlich nur ein Wohnhaus aus dem 18. Jh., das der Besitzer Gatter mit einem stolzen Türmchen ausstattete. Über die Jahrhunderte ist es ein Wahrzeichen von Grimma geworden *(Restaurant Schloss Gattersburg, Colditzer Straße 3, Tel. 03437/91 18 50, Kategorie 2).*

Die Minischiffstour bringt die Besucher in rund 20 Minuten zum Schiffmühlensteg. Ganz nebenbei können Sie hier einen technischen Dinosaurier betrachten: In *Höfgen* ist die einzige noch funktionstüchtige *Schiffsmühle* Deutschlands verankert. Mit ihrer Hilfe kann Energie gewonnen werden, heute wird sie vor allem als Bildungseinrichtung genutzt. An der Mulde führt ein schöner Spazierweg in den Ortskern von

Höfgen, dessen Mittelpunkt die Wehrkirche ist. Gleich nebenan steht eine Wassermühle aus dem 18. Jh., in der ein kleines, feines *Mühlmuseum* untergebracht ist. Unten zeigen technische Gerätschaften den Weg von der Ähre zum Korn, eine schmale Holztreppe führt ins Obergeschoss, wo die schlichten Wohnräume einer Müllersfamilie nachgestellt sind *(Besichtigung auf Anfrage, Tel. 03437/171 53)*. Gediegen speisen können Sie im urigen Fachwerkhaus Dorfstraße 10: Hier ist das Gasthaus *Zur Wassermühle* untergebracht. Besonders schön ist der Blick aus dem verglasten Giebel, und der zuvorkommende Service befördert die gute Laune *(Mi–So 11–23 Uhr, Tel. 03437/91 71 53, Kategorie 2)*.

Höfgen ist sowieso eine richtige Erholung für Städter: außer am Himmelfahrtstag, wenn hier das starke Geschlecht außer Rand und Band den Männertag feiert. Lämmerblöken und Bienensurren liegen in der Luft, und der Weg zum Fährhaus an der Mulde führt durch Wiesen, an knorrigen Obstbäumen vorbei.

Schritt für Schritt nähern Sie sich dem Lebens- und Leidensort der respektablen Katharina von Bora, später Frau Luther. Sie dürfen Ihren Augen ruhig trauen, dieser merkwürdige Kahn am Ufer ist eine Seilfähre, und sie funktioniert ausgezeichnet. Tradition verpflichtet eben: Seit dem 13. Jh. soll es an dieser breiten Stelle der Aue eine Fähre gegeben haben. Also, einsteigen und los. Am anderen Ufer geht es ein Stückchen durch den Wald, bis die Überreste des Zisterzienserinnenklosters *Nimbschen,* das die gläubigen und tatkräftigen Frauen vor mehr als 700 Jahren hier bewirtschafteten, durchs üppige Grün leuchten. Seit 1509 lebte auch Katharina von Bora hier, da war sie gerade zehn Jahre alt. Schlecht werden die Nonnen nicht gelebt haben. Sie hielten Schweine, Schafe, Ziegen und Geflügel, brauten Bier (es gab einen eigenen Hopfengarten!) und kauften zur Fastenzeit riesige Mengen Hering an. Was sich als großes Glück für Katharina erwies: Nach 14 Jahren hinter Nimbschens Klostermauern gelang ihr mit acht anderen Nonnen die Flucht – der Torgauer Kaufmann Koppe schmuggelte die Damen in großen Heringsfässern heraus. Zwei Jahre später heiratet Katharina den Reformator Martin Luther.

Die Reformation bestimmte auch die Zukunft des Klosters: Dem heiligen Haus liefen die Gläubigen weg, und schon 1530 gab es in Nimbschen keine einzige Nonne mehr. Zunehmend wird der verwunschen wirkende Ort für Theaterspektakel und Filme rund um die Person Katharinas entdeckt. In der Nachbarschaft pure Neuzeit: Als »Kloster Nimbschen« hat sich ein *Hotel* samt Fitnessstudio und Tennisplatz etabliert *(Nimbschener Landstraße 1, Tel. 03437/995-0, Kategorie 2)*. Wer nicht gleich übernachten will, sollte sich langsam auf den Heimweg machen. Die Schiffchen nach Grimma legen stündlich am Schiffmühlensteg ab *(letzte Fahrt Mo–Fr 17.30, Sa, So 18.30 Uhr)*. Wer die Rückfahrt von Grimma aus gerne zügig hinter sich bringt, kann den Hinweisschildern zur Autobahn folgen und über die A14 in die Messestadt rauschen.

Variante: Eine reizvolle Verbindung von Kunst und Kultur bietet die *Denkmalschmiede Höfgen.* Sie lassen die Nimbschen-Tour ausfallen und wandern stattdessen ab Schiffmühlensteg in einer guten halben Stunde durch den *Jutta-Park* nach *Höfgen-Kaditzsch.* Neben einer wunderbaren Landschaft finden Sie die *Denkmalschmiede* als liebevoll restaurierten Vierseithof *(Sa, So 14–18 Uhr),* in dem internationale Künstler als Stipendiaten arbeiten. Die Galerie bietet ständig interessante Ausstellungen. Im *Stregehaus* nebenan können Sie stilvoll essen *(Di–Fr 11.30–14, 17.30–23 Uhr, Sa, So 11.20–23 Uhr, Teichstraße 11, Tel. 03437/94 42 34, Kategorie 2).*

KOHRENER LAND/ BURG GNANDSTEIN

B 95 Richtung Chemnitz, über Borna und Frohburg. Hinter Frohburg Richtung Gnandstein. Die Burg ist links schon zu sehen, aber Sie fahren rechts ab und machen einen Schlenker unter der Bundesstraße durch (ca. 50 km). Ab Gnandstein Schildern nach Kohren-Salis folgen, Abstecher zum Lindenvorwerk. Zurück über Geithain zum Dorf Prießnitz. Ab Bad Lausick B 176, dann B 95 zurück nach Leipzig (ca. 60 km).

Das Kohrener Land ist irgendwie Leipzigs gute Stube. Hierhin wird nachmittags die Familie samt Oma ausgeführt, um auf der Terrasse von Burg Gnandstein bei einem Eis die Aussicht übers Land zu genießen. Oder es geht am Lindenvorwerk hinab zu einer gemütliche Kahnpartie. Wer unbedingt Kultur braucht, der kann ins Burgmuseum gehen. Oder ins Töpfermuseum. Oder zum Schwindpavillon. Da findet sich schon was…

Die Fahrt nach Gnandstein führt an den Tagebau- und ehemaligen Industriegebieten südlich von Leipzig vorbei. Sie ist nicht sehr aufregend, das Ziel dafür umso attraktiver. Das Auto können Sie gut auf dem Parkplatz unterhalb der Burg stehen lassen. Der Blick schraubt sich nach oben, arbeitet sich über die mächtigen Felsen vor bis zum 33 m hohen Bergfried, einem der besterhaltenen und komplexesten romanischen Wehrbauten in Deutschland, mittlerweile in großen Teilen saniert.

Über eine ziemlich steile Straße ist der Aufstieg zum Burghof in kurzer Zeit bewältigt. In der Verschnaufpause kann man sich vor Augen führen, welche Macht die Familie von Einsiedel mit dieser weitläufigen, wehrhaften Anlage seit dem 14. Jh. demonstrierte. Durch ein beeindruckendes Tor geht es in den Burghof, hier können Sie sich dann nach Interesse entscheiden: Die historisch-kulturelle Fraktion besucht das *Burgmuseum (Feb.–Nov. Di–So 9–17 Uhr, Dez. 10–16 Uhr, Jan. Sa, So 10–16 Uhr),* in dem der einzige erhaltene romanische Rittersaal Sachsens schlichte Erhabenheit ausstrahlt. Moderne Kunstgeister und Kunstgewerbeliebhaber finden den Weg in die *Galerie Gnandstein (März–Nov. Di–So 11–18 Uhr, Feb. Sa, So 13–17 Uhr),* wo Keramikgeschirr und Bilder oder Objekte zeitgenössischer Kunst eine friedliche Koexistenz führen. Die schönen Keramikarbeiten sind schwer souvenirverdächtig. Wer gegen so etwas immun ist, geht als Genießer geradewegs ins Restaurant. Bei schönem Wetter ist ein Platz auf der Terrasse Pflicht!

Ein paar Kilometer weiter liegt das gut 1000-jährige Städtchen *Kohren-Salis,* einst eine Hochburg der Weber und Töpfer. Die Spuren davon sind immer noch zu finden. Noch bevor Sie zum Markt kommen, sollten Sie das Auto unterhalb der Burgruine mit ihren beiden romanischen Rundtürmen abstellen. Die kleine Anhöhe kann bequem erlaufen werden und belohnt mit einem überraschend weiten Blick über die Häuser und Gassen der Stadt. Jetzt führt der Weg durch die Sträßchen hinab zum Markt, der eigentlich nicht mehr als eine verbreiterte Straße ist. In der Mitte steht der Töpferbrunnen, an dem Kurt Fruerriegel 1928 die Herstellung von Geschirr mit liebevoll gestalteten Figurenreliefs darstellte. Getöpfert wird in Kohren-Salis nach wie vor, und besonderen Charme hat die regionaltypische gelbbraune Keramik – auch wenn das Bürgel-Blaudruck-Geschirr viel berühmter ist. Am Sonntag nach Himmelfahrt bieten zig Händler beim Topf- und Krügemarkt rund um den Brunnen ihre Ware an. Im *Töpfermuseum* in der *Burgstraße 18 (März–Okt. Di–So 10.30 bis 12, 13–16 Uhr)* werden Einblicke in die Werkstatt des 18. Jhs. gewährt, es gibt auch Vorführungen am Handwebstuhl.

Über die Hauptstraße gelangt man zurück zum Parkplatz. Jetzt kann ein Abstecher über *Rüdigsdorf* zum *Lindenvorwerk* folgen. Anmutig zeigt sich im Rüdigsdorfer Park die Orangerie. Der Pavillon ist prächtig ausgestattet mit Fresken des romantischen Malers Moritz von Schwind (gestaltete auch die Wartburg-Freskenzyklen). Die bebilderte Geschichte von Amor und Psyche wird im Sommer zur Kulisse von Kammerkonzerten *(Schwindpavillon Mai–Okt. Mi, Do, Sa, So 12 bis 17 Uhr).*

Etwas weiter südlich liegt der Lindenteich mit der Ausflugsgaststätte *Lindenvorwerk (Tel. 034344/612 85, Kategorie 2).* Von der Terrasse können Sie den schönen Blick auf den Gondelteich genießen – oder selbst in eines der Ruder- oder Tretboote steigen. Eine Besonderheit ist auch die benachbarte, uralte *Lindigtmühle,* in der bis in die 60er-Jahre geschrotet wurde *(April bis Okt., So 11–17 Uhr).* Über *Geithain* (historischer Kern mit Resten der Stadtmauer, Pulverturm und Stadtkirche St. Nikolai) und das Dörfchen *Prießnitz* mit seiner reich ausgestalteten und schön sanierten Kirche geht es zurück nach Leipzig.

WÖRLITZER PARK

B 2 über Bad Düben nach Wittenberg, von hier aus B 187 nach Coswig, der B 107 nach Wörlitz folgen. Zurück über die Autobahn A 9, Auffahrt Vockerode, bis zur Abfahrt Leipzig-West. Strecke über Landstraße ca. 80 km, Fahrzeit ca. 1,5 Stunden, über die Autobahn ca. 45 Minuten.

Die Dänen und die Niederländer kommen, die Engländer und auch die Japaner haben ihn seit ein paar Jahren für sich entdeckt. Da dürfte ein Abstecher aus Leipzig nahe liegen: Der Wörlitzer Park bei Dessau ist ein herrlicher, weitläufiger englischer Garten. Der älteste des Kontinents wird immer wieder auch als der schönste gehandelt. Im 18. Jh. ließ Fürst Leopold III. Friedrich Franz von Anhalt bei Dessau den Park im englischen Stil anlegen. Beseelt von einem aufklärerischen Bildungsideal, holte er die Welt nach Wörlitz: Im weitläufigen Gartenreich ist eine chinesische Hängebrücke zu finden genauso wie die englische Eisenbrücke. Der Wörlitzer Park ist eine Einladung zum romantischen Lustwandeln. Er ist das Ziel. Aber der Weg bietet auch schon einige Höhepunkte.

Sie verlassen Leipzig nördlich über die B2. Die Bundesstraße verläuft durch *Krostitz,* wo ein leckeres Schwarzbier gebraut wird, über verträumte Dörfchen nach *Bad Düben.* Spätestens bei der Einfahrt über die neue Muldebrücke ist klar: Der Kurort kann mit seiner Landschaft als gutes Pfund wuchern. Sie befinden sich nun im *Naturpark Dübener Heide,* einem rund 2000 qkm großen Waldgebiet. Ein Paradies für Wanderer und Radfahrer und Biber (!). Von der Muldebrücke aus ist die *Burg Düben* zu sehen, deren Geschichte bis ins 10. Jh. zurückreicht. Schaurige Hexenprozesse fanden hier statt. Die Burg wurde saniert und das *Landschaftsmuseum* neu gestaltet. *(Di bis Fr 9–12 und 14–16, Sa, So 10–13 Uhr, Neuhofstraße 3, Tel. 034243/ 236 91).*

Noch rund 35 km sind bis *Wittenberg* zurückzulegen. Ein Stopp in der Lutherstadt muss einfach sein. Die B2 führt westlich um den Stadtkern herum. Wer das Auto auf dem Parkplatz am Gericht abstellt (hier geht es ab zur B 187), ist in wenigen Minuten an der berühmten *Schlosskirche (Luthergrab, Kirche Mai–Okt. Mo 14–17, Di–Sa 10–17, So 10.30 bis 17 Uhr, Nov.–April jeweils bis 16 Uhr).* An der Holztür des Nordportals soll Luther 1517 seine berühmten 95 Thesen angeschlagen haben. Die Reformation nahm ihren Lauf. Ein kurzer Bummel über die Coswiger Straße führt ins Herz der Stadt. Am Marktplatz sollten Sie unbedingt einen Blick in das liebevoll restaurierte Haus des Reformationsmalers Lucas Cranach d. Ä. werfen. Die Atmosphäre des alten Wittenberg scheint in den Cranach-Höfen aufgehoben zu sein. Auf dem Markt bleibt der Blick unweigerlich wieder an den Denkmälern der Reformatoren hängen: hier der bodenständige Luther, dort der vergeistigt wirkende Melanchthon, beide vor der eindrucksvollen Kulisse des Rathauses aus dem 16. Jh. verewigt. In der *Ratsschenke (Markt 14, Kategorie 2)* können Sie sich für die nächste Etappe stärken.

Zurück am Auto, fahren Sie direkt auf die B 187 nach Coswig und weiter bis zum *Wörlitzer Park.* Rund eine Million Menschen besuchen jährlich den Garten mit seinen Kunstsammlungen. Eine einzigartige Mischung aus Musik und Natur schaffen die *Seekonzerte* der Anhaltinischen Philharmonie: Das Orchester spielt auf einer festgezurrten Fähre im See, drum herum sitzen die Hörer in festlichen Gondeln *(Info Kulturstiftung Dessau Wörlitz, Tel. 0340/ 646 15-0, E-Mail KsDW-@t-online. de).* Das Anhaltinische Theater gibt ebenfalls Gastspiele im Amphitheater.

Der englische Garten in Wörlitz ist eine Einladung zum Lustwandeln

Es lohnt sich, in der Ortsmitte zu parken, denn so können Sie ihre Wörlitz-Tour am Schloss starten. Empfehlenswert ist die kleine Tour rund um den Großen See: Vom Schlossgarten mit der Amtsfähre übersetzen zum sogenannten Weidenheger, über die Neue Brücke kommen Sie in Schochs Garten. Nach einem Stopp am Gotischen Haus laufen Sie am Wolfskanal entlang und überqueren ihn an der Wolfsbrücke. Eine kleine Fähre bringt die Gäste zur Roseninsel, und eine weitere zu Neumarks Garten mit Labyrinth und Elysium. Sie werden nicht alles sehen, aber viel mehr, als sie zu Fuß erreichen können: Kunstvoll haben Gründer-»Vater Franz« und sein Architekt Friedrich Wilhelm von Erdmannsdorf seit 1765 weite Sichtachsen durch den Park gelegt. Statuen und Brücken in allen Formen sind zu bewundern, kleine Tempel und Grabmale tauchen auf.

Wer Zeit mitgebracht hat, sollte sich die beiden Museen nicht entgehen lassen: Im bezaubernden *Schloss* bringt eine Sammlung klassizistischer Möbel nicht nur Liebhaber zum Schwärmen *(Mai–Okt., Mo 13 bis 18, Di–So 10–18 Uhr, April u. Okt. jeweils bis 16.30 Uhr, Besichtigung nur mit Führung möglich).* Im *Gotischen Haus,* das von außen so englisch wie nur was wirkt, sind altdeutsche Malereien und neugotische Möbel ausgestellt *(Mai bis Sept. Mo 13–18, Di–So 11 bis 18 Uhr, April u. Okt. jeweils bis 16.30 Uhr, nur mit Führung).* Wenn Sie nach derlei Kunstgenuss doch langsam fußlahm werden: In Neumarks Garten kürzt die Teelaubenfähre den Weg zum Schlossgarten ganz enorm ab. Spätestens jetzt ist eine schöne, lange Pause angesagt. Hierzu bietet sich eine Einkehr im stilvollen *Landhaus Wörlitzer Hof* an *(Markt 96, Tel. 034905/411-0, Kategorie 2).*

Für den Rückweg ist der schnelle Rutsch über die A 9 angenehm, Auffahrt Vockerode. An der Abfahrt Leipzig-West geht es in die Stadt zurück, vorbei am Einkaufszentrum Saale-Park.

Von Auskunft bis Zeitungen

Wichtige Adressen und findige Tipps für Ihre Leipzig-Reise

AUSKUNFT

Leipzig Tourist Service e.V.
Richard-Wagner-Straße 1, 04109 Leipzig, Mo–Fr 9–20, Sa 9–16, So 9–14 Uhr, Tel. 71 04-260/-266, Fax 71 04-271, Faxabruf 71 04-101

Leipziger Messe GmbH
Postfach 10 07 20, 04007 Leipzig, Tel. 67 80, Fax 678 87 62, E-Mail info@leipzigermesse.de

Jugend-Infoladen Leipzig
Lessingstraße 7, Mo, Do 10–16, Di, Mi 11–18 Uhr, Tel./Fax 960 32 60

AUTO-PANNENHILFE

ADAC
Pannenhilfe Tel. 01802/22 22 22, Telefonservice Tel. 01805/10 11 12, Augustusplatz 5

AvD
Tel. 602 13 14, Richard-Wagner-Straße 2

DEUTSCHE BAHN

Auskunft Zugverbindungen: Tel. 01805/99 66 33

Reisezentrum im Hauptbahnhof: tägl. 5.30–22 Uhr, Tel. 968 32 12. Gepäckträgerservice kostet 5 Mark; ins Hotel fährt man günstig mit dem Bahntaxi.

FAHRRADVERLEIH

Fahrradstation Zweirad Eckhardt
Rudolf-Breitscheid-Straße 4, Verleih und Reparatur *am Hauptbahnhof (Parkhaus West), Tel. 961 72 74, Fahrrad pro Tag ca. 15 Mark*

FUNDBÜROS

Fundbüro Leipzig
Tel. 123 32 70, Seeburgstraße 51, Mo, Fr 9–12, Di 9–12 und 13–18, Do 13–18 Uhr

Fundstelle Hauptbahnhof Westhalle
Tel. 968 32 55, Willi-Brandt-Platz, tägl. 6–21.30 Uhr

GESUNDHEIT

Ärztlicher Bereitschaftsdienst, *Mo bis Fr 19–7, Sa, So 24 Uhr, Tel. 192 92*

KARTENVORVERKAUF

– Culton: Peterssteinweg 9, Mo bis Fr 10–19, Sa 10–14 Uhr, Tel. 211 41 21

– Känguruh Production in der Leipzig Information: Richard-Wagner-Straße 1, Mo–Fr 9–20, Sa 9–16, So 9–14 Uhr, Tel. 71 04-285, Fax 71 04-286

– Kreuzerticket: Im Strohsack, Nikolaistraße 6–10, Tel. 211 80 00, Mo–Fr 11–10, Sa 11–16 Uhr

– Leipzig Ticket: Im Kaufhaus Horten, Am Brühl, Tel. 14 16 18, Mo–Fr 9–20, Sa 9–16 Uhr, und im Kaufhaus Karstadt, Petersstraße, Tel. 14 16 18, Mo–Fr 9–20, Sa 9–16 Uhr

– MDR Ticket-Galerie: Barthels Hof, Hainstraße 1, Tel. 14 14 14, Fax 141 41 22, Mo–Fr 9–20, Sa 9–16 Uhr

– Musikalienhandlung Oelsner: Schillerstraße 3, Tel. 960 52 00, Fax 960 56 51, Mo–Fr 9–18, Do 9–19, Sa 9–13 Uhr

– Ticketservice: Im Hotel Inter-Continental, Berberstraße 15, Tel. 988 15 70

MIETWAGEN

– ADAC-Autovermietung: Hauptbahnhof, im Reisezentrum, Tel. 961 76 01

– Avis: Flughafen Leipzig/Halle, Terminal A, Tel. 224 18 03; Hauptbahnhof, im Reisezentrum, Tel. 961 14 00

– Carmax: Bitterfelderstraße 17, Tel. 904 48-0, E-Mail autovermietung@carmax.de

– CC Raule: Werkstättenweg 11–13, Tel. 911 24 90

– Europcar interRent: Flughafen Leipzig/Halle, Terminal A, Tel. 224 18 20; Hauptbahnhof, im Reisezentrum, Tel. 14 11 60

– Hertz: Flughafen Leipzig/Halle, Terminal A, Tel. 034204/630 26; Hauptbahnhof, im Reisezentrum, Tel. 212 58 67

– Sixt Budget: Flughafen Leipzig/Halle, Terminal A, Tel. 526 25 25; Hauptbahnhof, im Reisezentrum, Tel. 26 98 80

MITFAHRZENTRALE

Am Hauptbahnhof
Goethestraße 7–10, Mo–So 7–21 Uhr, Tel. 19 44 00 oder 211 42 22

Mitfahr-/Mitwohnzentrale
Rudolf-Breitscheid-Straße 39, tägl. 9–20 Uhr, Tel. 194 40

E-Mail für beide Adressen: *mitfahr-mitwohn-leipzig@uunet.de*

ÖFFENTLICHE VERKEHRSMITTEL

Leipzig Card
Die Karte der Leipziger Verkehrsbetriebe (LVB) bietet freie Fahrt mit Bus und Bahn, starke Ermäßigungen bei bestimmten Stadtführungen, verbilligten Eintritt in Museen und in den Zoo und 10 Prozent Rabatt für ausgewählte Veranstaltungen in Oper, Gewandhaus, Schauspiel etc. Eine 3-Tage-Karte kostet um die 20 Mark. Die Leipzig Card wird verkauft beim Leipzig Tourist Service, den Vorverkaufsstellen der Leipziger Verkehrsbetriebe, im Hauptbahnhof und in Hotels.

Nightliner
Täglich ab Hauptbahnhof, 1.11, 2.22, 3.33 Uhr

PARKEN IN DER CITY

Wozu sich Knöllchen und Ärger einfangen? Die Parkhauspreise sind für eine Großstadt zivil.

– *Tiefgarage Augustusplatz:* 1250 Stellplätze, hell, übersichtlich, zwischen Oper und Gewandhaus. Wer ins Konzert/in die Oper geht, darf vor Vorstellungsbeginn im Automaten im Foyer den Parkschein entwerten.

– *Hauptbahnhof-Promenaden Parkhaus Ost und West:* 1300 Plätze, außer samstags parkt man 24 Stunden für 5 Mark.

– *Tiefgaragen Löhrs Carré:* (zwei Zufahrten) 240 Plätze, Löhrstraße

– *Parkplatz Wilhelm-Leuschner-Platz:* 150 Plätze, gut für den Stadtbummel

– *Parkhaus Martin-Luther-Ring:* 150 Plätze, über Otto-Schill-Straße

– *Tiefgarage am Burgplatz:* Brandneu, Zufahrt vom Martin-Luther-Ring, Lotterstraße

POST

Hauptpostamt Augustusplatz

Augustusplatz 1, Mo–Fr 8–20, Sa 9 bis 16 Uhr

RADIOSTATIONEN

Antenne Sachsen: 100,6 UKW
Jump FM: 90,4 UKW
Radio PSR: 102,9 UKW
Radio Leipzig: 91,3 UKW

SPORT

Bootsverleih Herold

Antonienstraße 2, tägl. 10–20 Uhr (bei geeignetem Wetter), Tel./Fax 401 10 59

Ruderboote, Paddelboote, Canadier (8–15 Mark pro Stunde). Gruppenmotorbootfahrt samt Schiffsführer und Kaffee und Kuchen ab 15 Mark pro Person.

Fußball

Der VfB Leipzig spielt in der Regel im *Bruno-Plache-Stadion, Connewitzer Straße 21, Tel. 877 57 47.* Der FC Sachsen läuft auf im Leutzscher *Alfred-Kunze-Sportpark, Am Sportpark 2, Tel. 45 33 30.*

Pferderennen

Rennbahn Scheibenholz, Rennbahnweg 2, Saison Mai–Nov.

Schwimmen

Unter den Hallenbädern ist das Stadtbad mit seinem orientalischen Flair, Sauna und Wellenbad ein Genuss *(Eutritzscher Straße 21, Tel. 564 79 85, sonntags Wellenbad).* Einen riesigen Saunabereich bietet das *Erlebnisbad Sachsentherme, Mo–Fr 10–23, Sa, So 9 bis 23 Uhr, Schongauerstraße 19, Tel. 159 99 12.* Im Sommer ist der *Kulkwitzer See* in Grünau mit ausgedehnten Liegewiesen und Gastronomie *(Straßenbahnen 1, 8, 31, Endhaltestelle Lausen)* beliebt. Das *Naturbad Nordost,* von den Leipzigern nur »der Bagger« genannt, ist das kleinere Gegenstück in Thekla, *Theklaer Straße 111, Straßenbahnen 22, 31, 37, 57 Neutzscher Straße.* In den Sommerferien überlaufen. Zentral liegt das älteste Freibad der Stadt – schön, aber noch nicht komplett saniert: *Schreberbad, Schreberstraße 15.* Außergewöhnlich und idyllisch ist das kleine *Ökobad Lindenthal, Teichstraße 3.*

STADTFÜHRUNGEN/EXKURSIONEN

»Gästeführungen Leipzig und Umland e.V.«, Tourist-Service, Richard-Wagner-Straße 1, Tel. 71 04-285

Täglich Stadtrundfahrten und Spaziergänge, thematische Rundgänge oder Radtouren, hier eine Auswahl: Musikstadt Leipzig/ Bach, Auf der Kneipenmeile Drallewatsch, Jürgen Schneider und seine Immobilien in Leipzig, Busrundfahrt zur jüdischen Geschichte, Plagwitz per Rad.

Zwischen Mai und September starten thematische Touren im

»Offenen Leipziger«, einer Art Bahn-Cabriolet *(LVB-Reisevermittlung im Tourist-Service, Tel. 492 20 47).*

Unterhaltsame Fahrten ins Umland bietet der *Tourismusverein Leipziger Land e.V. an, Westphalsches Haus Markkleeberg, Tel. 353 32 15.* Buchen können Sie im Tourist-Service zahlreiche Ausflüge in die Kulturlandschaft rund um die Messemetropole.

TAXI

In so genannten Info-Taxis können Ihnen geschulte Fahrer Sehenswürdigkeiten erläutern.

Älteste Leipziger Funktaxenzentrale, Tel. 48 84, per Computer Auskunft über freie Zimmer und Preise.

Löwen-Taxi, Tel. 98 22 22

TELEFON

Vorwahl Leipzig 0341. Vorwahl nach Österreich 0043, in die Schweiz 0041.

ZEITUNGEN

Leipzig leistet sich nur eine regionale Tageszeitung: die *Leipziger Volkszeitung (www.lvz-online.de).* Die gibt's dafür schon seit 1894. Aus der linken Nachwendeszene stammt das *Stadtmagazin Kreuzer (www.kreuzer-leipzig.de),* das monatlich einen ausführlichen Veranstaltungskalender und Adressenservice bietet. Auch nicht schlecht sind die kostenlosen Stadtmagazine *Blitz* und *Fritz Leipzig* (liegen in Kneipen und an Veranstaltungsorten aus).

WETTER IN LEIPZIG

Die monatlichen Durchschnittswerte im Überblick

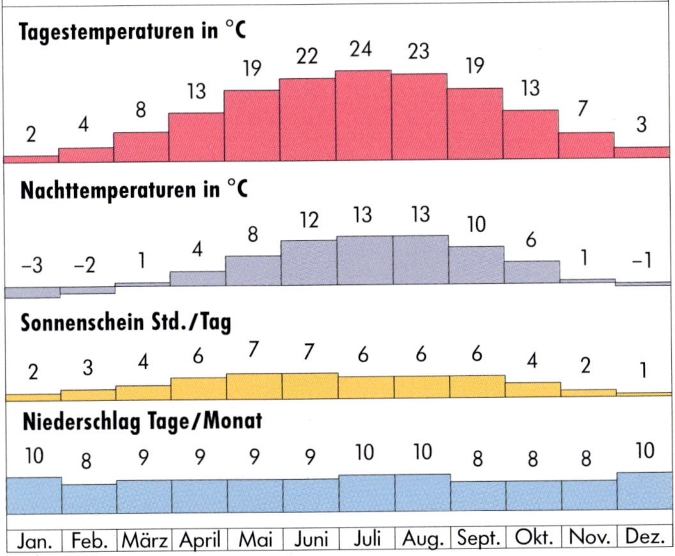

Bloß nicht!

Ein paar Tipps, die Ihnen helfen, Verdruss zu vermeiden

Ohne Karte in die Bahn steigen
Steigen Sie nie ganz spontan – will sagen ohne Fahrkarte – in die nächste Bahn. Das Ticket beim Fahrer kommt Sie teuer zu stehen: Denn ob der Fahrgast eine oder zehn Haltestellen fährt, hier wird der höchste Einzeltarif abkassiert. Nutzen Sie lieber die Automaten an den Haltestellenknotenpunkten der Stadt.

Am grünen Pfeil bummeln
Beim Autofahren in Leipzig steckt der Teufel im Detail: Besonders Besucher aus den alten Bundesländern sind nicht immer mit den Vorzügen des grünen Pfeils vertraut: Der klemmt an vielen Ampeln klein und übersehbar neben den Lichtsignalen, verrät aber unmissverständlich: Rechtsabbieger dürfen auch bei »Rot« fahren, wenn die Straße frei ist. Wer hier bummelt, outet sich nicht nur gleich als ortsfremd, er wird von den Hintermännern durchaus schon mal mit Hupen abgestraft.

Die falsche Wurst essen
Fast Food ist trotz sächsischer »Gemiedlichkeit« kein Fremdwort mehr. Pizza, Döner, Mac's und Bagels stillen international den Hunger zwischendurch. Nur eines sollten Sie nicht unbedingt probieren: Currywurst. Da bekommen Sie wahrscheinlich eine gemeine Rostbratwurst mit reichlich Kümmel unter der Haut auf den Teller. Die schmeckt doch besser am Stück und mit Senf.

Sächseln wollen
Nein. Versuchen Sie's gar nicht erst. Es geht nicht. Und Sie machen sich entweder lächerlich oder unbeliebt. Sächseln ist nicht lernbar, und selbst Wahl-Sachsen stellen nach jahrzehntelangem Aufenthalt vor Ort fest: »Sächsisch muss man mit der Muttermilch eingesogen haben.« Quälen Sie Ihre Zunge nicht unnötig: Keiner ironisiert die Mundart so wunderbar, wie die Leipziger in ihren Kabaretts.

Ohne Pfennige einkaufen gehen
In Leipzigs Einzelhandel grassiert ein geheimer Volkssport: Mit Wonne ziehen die Kassiererinnen den Kunden die Pfennige aus der Tasche. Krumme Beträge werden umgehend mit Fragen quittiert à la: »Haben Sie mal 17 Pfennige klein?« In kleinen, einheimischen Bäckereien (wo die Brötchen am besten schmecken!) könnte es gar passieren, dass Sie statt Backwerk nur den deftigen Rüffel einer gestandenen Bäckersfrau einstecken. Also: Lieber auch Kleines parat halten.

Cityatlas Leipzig

Die Seiteneinteilung für den Cityatlas finden Sie auf dem hinteren Umschlag dieses Reiseführers

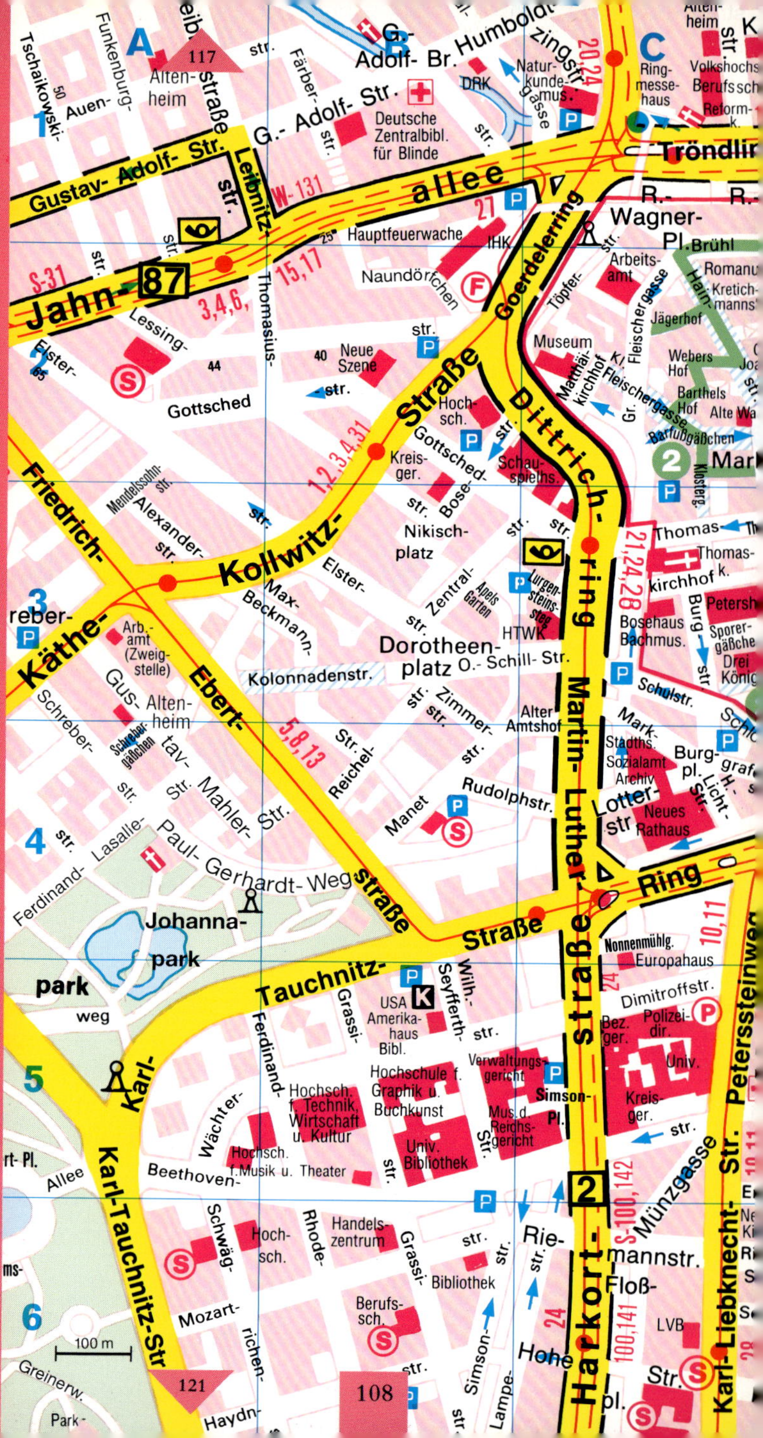
A
B
C
117
1
2
3
4
5
6
Tschaikowski-
Funkenburg-
Auen-
Alten-
heim
straße
str.
Färber-
str.
G.-Adolf-Br.
Humboldt-
Naturkunde-
mus.
DRK
G.-Adolf-Str.
Deutsche
Zentralbibl.
für Blinde
zingstr.
20,24
Alten-
heim
Ringmesse-
haus
Volkshochsch.
Berufssch.
Reform-
Tröndlin-
Gustav-Adolf-Str.
Leibnitz-
str.
W-131
allee
27
R.-Wagner-Pl.
Brühl
6
Hauptfeuerwache
IHK
Goerdelerring
S-31
Jahn-
87
3,4,6,
15,17
Thomasius-
Naundörfchen
Töpfer-
Arbeits-
amt
Fleischergasse
Hainstr.
Romanus
Kretschmanns
Jägerhof
Lessing-
Elster-
40
Neue
Szene
str.
Museum
Matthäikirchhof
Kl. Fleischergasse
Webers
Hof
Barthels
Hof
Alte Waage
44
Gottsched
str.
Straße
Hoch-
sch.
Dittrich-
Gr.
Barfußgäßchen
2
Markt
Friedrich-
Mendelssohn-
str.
Alexander-
str.
1,2,3,4,31
Kreis-
ger.
Gottsched-
str.
Bose-
Schau-
spielhs.
Klosterg.
Nikisch-
platz
str.
Thomas-
kirchhof
Thomas-
k.
21,24,28
Kollwitz-
Max-
Beckmann-
Elster-
str.
Zentral-
str.
Apels
Garten
Burgen-
steins-
steg
ring
Bosehaus
Bachmus.
Burg-
str.
Petersh.
Sporergäßchen
Drei
Könige
Käthe-
reber-
Arb.-
amt
(Zweig-
stelle)
Kolonnadenstr.
Dorotheen-
platz
O.-Schill-Str.
HTWK
Schulstr.
Gus-
tav-
Alten-
heim
Ebert-
Schreber-
Schreber-
gäßchen
str.
Zimmer-
str.
Alter
Amtshof
Martin-Luther-
Mark-
Stadths.
Sozialamt
Archiv
Burg-
pl.
Schloß
graf
H.-Licht-
str.
5,8,13
Str.
Reichel-
str.
Mahler-
Str.
Rudolphstr.
Manet
Lotter-
str
Neues
Rathaus
str.
Lasalle-
Paul-Gerhardt-Weg
straße
Ferdinand-
Johanna-
park
park
weg
Ring
Straße
Tauchnitz-
Nonnenmühlg.
Europahaus
10,11
Dimitroffstr.
Polizei-
dir.
Bez.
ger.
Univ.
Kreis-
ger.
Grassi-
USA
Amerika-
haus
Bibl.
Wilh.-
Seyfferth-
str.
Verwaltungs-
gericht
Simson-
Pl.
Mus.d.
Reichs-
gericht
Str.
Hochschule f.
Graphik u.
Buchkunst
Univ.
Bibliothek
Ferdinand-
Hochsch.
f. Technik,
Wirtschaft
u. Kultur
Wächter-
Karl-
Petersteinweg
Karl-
Liebknecht-
Str.
Münzgasse
str.
Beethoven-
Hochsch.
f. Musik u. Theater
Allee
Karl-Tauchnitz-Str
Schwäg-
Hoch-
sch.
Rhode-
Handels-
zentrum
Grassi-
str.
Bibliothek
str.
Rie-
mannstr.
Floß-
S-100,142
100,141
LVB
Harkort-
Mozart-
richen-
Berufs-
sch.
24
Simson-
Hohe
Str.
pl.
100 m
Greinerw.
121
Park-
Haydn-
str.
Lampe-
str.

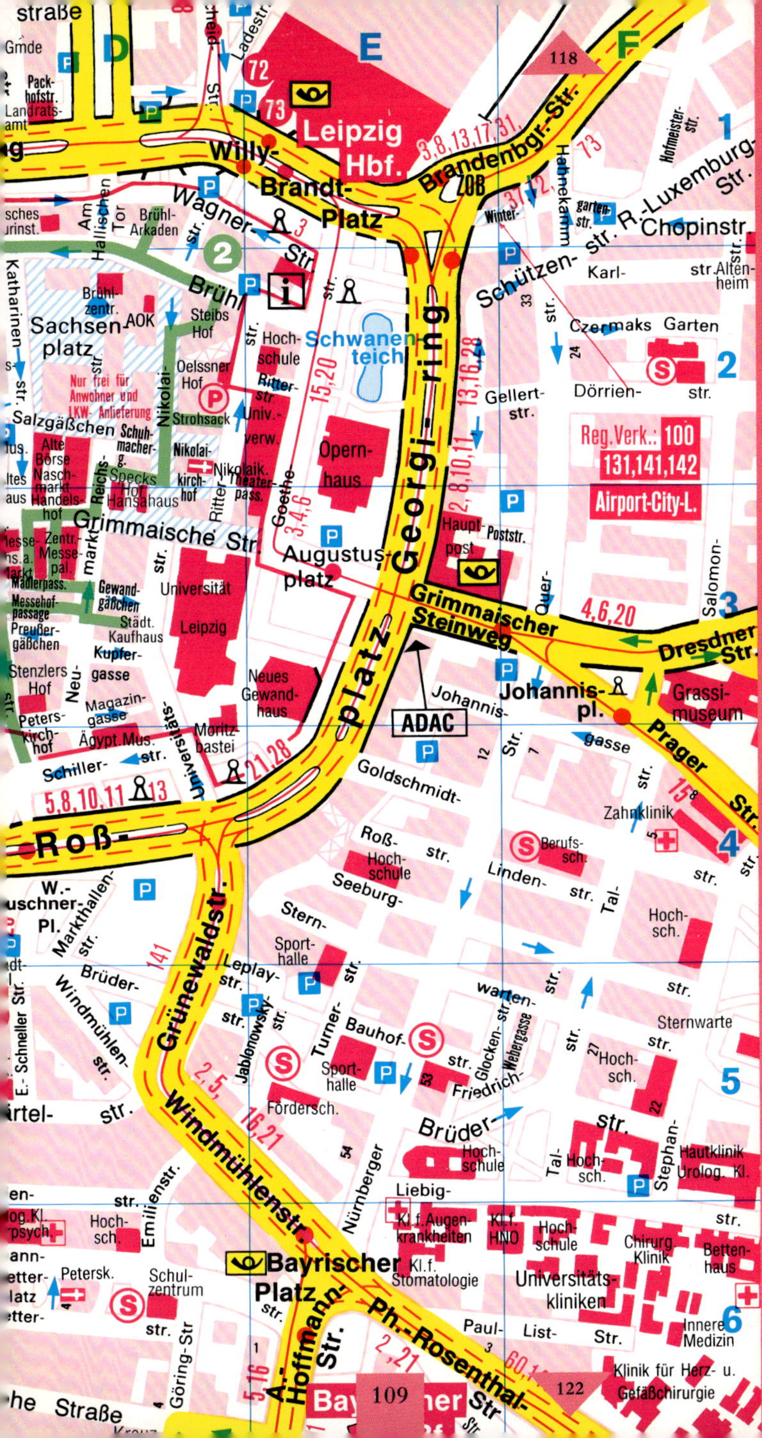

D
E
F
118
1
2
3
4
5
6
Leipzig Hbf.
Willy-Brandt-Platz
Brandenbgr.-Str.
ZOB
Hahnekamm
Hofmeister-str.
R.-Luxemburg-Str.
Chopinstr.
Wintergartenstr.
Schützen-str.
Karl-str.
Altenheim
Czermaks Garten
Dörrien-str.
Gellert-str.
Reg.Verk.: 100
131,141,142
Airport-City-L.
Packhofstr.
Landratsamt
Am Hallischen Tor
Brühl-Arkaden
Wagner-Str.
Brühl
Brühl-zentr.
AOK
Sachsenplatz
Steibs Hof
Katharinen-str.
Nur frei für Anwohner und LKW- Anlieferung
Oelssner Hof
Strohsack
Salzgäßchen
Schuhmacher-g.
Nikolai-str.
Nikolaikirchhof
Nikolaik.
Theaterpass.
Ritter-str.
Alte Börse
Naschmarkt
Specks Hof
Hansahaus
Reichs-str.
Handelshof
Grimmaische Str.
Zentr. Messe-pal.
Mädlerpass.
Messehofpassage
Gewandgäßchen
Städt. Kaufhaus
Preußergäßchen
Kupfergasse
Stenzlers Hof
Neumarkt
Magazingasse
Petersstr.
Peterskirchhof
Ägypt.Mus.
Schiller-str.
Universität Leipzig
Neues Gewandhaus
Moritzbastei
Universitätsstr.
Hochschule
Schwanenteich
Opernhaus
Goethestr.
Augustusplatz
Georgiring
Georgi-platz
Hauptpost
Poststr.
Grimmaischer Steinweg
Querstr.
Salomonstr.
Dresdner Str.
Johannis-pl.
Grassimuseum
Prager Str.
Johannisgasse
ADAC
Goldschmidt-str.
Zahnklinik
Berufssch.
Roß-str.
Hochschule
Seeburg-str.
Linden-str.
Talstr.
Hochsch.
Stern-str.
Sporthalle
Roßplatz
W.-Leuschner-Pl.
Markthallen-str.
Brüder-str.
Windmühlen-str.
Grünewaldstr.
Leplay-str.
Jablonowsky-str.
Turner-str.
Bauhof-str.
Sporthalle
Sternwarten-str.
Sternwarte
Glockenstr.
Webergasse
Friedrich-str.
Fördersch.
E.-Schneller Str.
Liebig-str.
Nürnberger Str.
Hochschule
Tal-str.
Stephan-str.
Hautklinik
Urolog. Kl.
Emilienstr.
Windmühlenstr.
Bayrischer Platz
Kl.f.Augenkrankheiten
Kl.f. HNO
Kl.f. Stomatologie
Universitätskliniken
Chirurg. Klinik
Bettenhaus
Innere Medizin
Petersk.
Schulzentrum
A.-Hoffmann-Str.
Ph.-Rosenthal-Str.
Paul-List-Str.
Klinik für Herz- u. Gefäßchirurgie
Göring-Str
122

14
A
B
C
400 m
werbegebiet
n Planung
1 = Seidengasse
2 = Kaffeegasse
Mühlgraben
Salzstraße
Rosmarin-
Thymianweg
Kerbelw.
Safranw.
Ingwerw.
Salbeiw.
Kressew.
Basilikum-weg
Straße
Klein Wiederitzsch
(zu Wiederitzsch)
1 = Lavendelweg
2 = Wiesenweg
3 = Zwiebelweg
4 = Kümmelweg
Am
Sand-berg
Feld-
Ziegelei-weg
Sport-pl.
Sportplatz
G.-Schumann-Str.
Georg-
Podelwitzer
Arthur-Hoffmann-Str.
Schumann-str.
Liebknecht-
Heinrich-Heine-Str.
Ferdinand-Freiligrath-Str.
Georg-Gärtner-
Blumen-weg
Fröbelweg
Fritz-Reuter-str.
Pestalozzi-Str.
Herwegh-str.
Stein-weg
St.-Gabriel-K.
Linden-
Kindergarten
Marx-Str.
Neuwiederitzsch-Leipziger Messe
Prof.-Dr.-Koch-Str.
Karl-Haeckel-Str.
Schmidt-str.
Linden
Alte Dorfstr.
Karl-
Wiederitzsch
Kita
Gem.-verw.
Bibl.
Schul-
H.-Kaps-Str.
H.-Krone-Pl.
ngarten
Nordweg
Seehausener Straße
Messe Allee
Gewerbegebiet
Riedelsiedlung
(zu Wiederitzsch)
Gewerbe-park
Maximilian-Allee
Fugger-str.
Pelzgasse
Alte Dübener Landstraße
Schwarzer Weg
An
Handels
Seehau
Fuggerstr.
Messetor-brücke
Merkur
Presse-zentr.
Anschl. Leipzig
17a
Wiede-ritzscher Br.
Zeppel
Graf-Ring
Luftschiff-str.
Dachauer Str.
Löns-str.
G.-Schwarz-Str.
R.-Dittrich-Str.
Arndt-str.
Friesen-str.
Jahnstr.
Buchenwald-
Landstr.
Klein-siedl. Eutritzsch
Tellweg
Melchthal-weg
Mockauer Ring
Stauffacher-
Neuer israelischer Friedhof
Kap.
Medizinische Fachschule
Klinikum St. Georg
Delitzscher
Wölkauer Weg
Krostitzer Weg
Brodauer Weg
Zschölkauer Weg
Lemseler Weg
Siedlung St.Georg
Wolteritzer Weg
Eythstr.
Schladitzer Str.
Zschortauer-str.
Zschortauer
Nathusius-str.
1 = Hohe
2 = Günth
Gybsberg-
weg
Weidenw.
Erlenw.
Eschen-w.
Birken-
Innenring
A-ring
Hainhorn-w.
Robinien-w.
Platanenw.
Rietzschkebogen
HTWK
Kleingärten
Am Rietzschkestrand
Sport-platz
Sport-pl.
Kleingtn.
Seilbahn
Erd-segen
Kleingärten
Naturheilkunde
Euritzsch
Dübener Land-str.
Gohlis-Nord
Stadion des Friedens
Freibad Gohlis
Tennis-pl.
Virchow-
Breitschafts-polizei
Essener Str.
Essener Str.
Liebermann
Altenheim
114

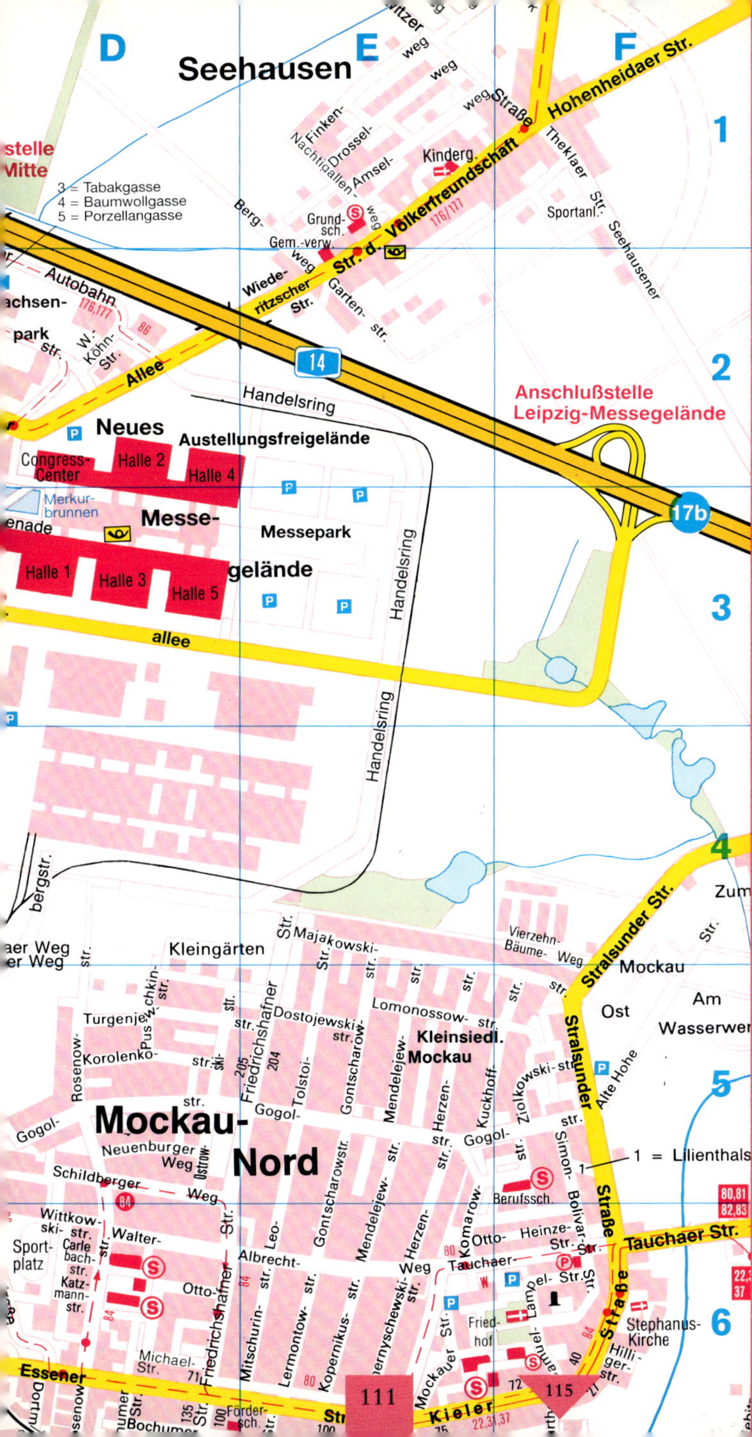
D
E
F
1
2
3
4
5
6
Seehausen
Hohenheidaer Str.
Straße
Volkerfreundschaft
Str. d.
Finken-
Drossel-
Nachtigallen-
Amsel-
weg
Kinderg.
Theklaer Str.
Seehausener
Sportanl.
Grund-
sch.
Gem.-verw.
Berg-
Wiede-
ritzscher
Str.
Garten-
str.
176/177
3 = Tabakgasse
4 = Baumwollgasse
5 = Porzellangasse
stelle
Mitte
Autobahn
176,177
86
W.-
Köhn-
Str.
park
str.
Allee
14
Anschlußstelle
Leipzig-Messegelände
17b
Handelsring
Neues
Austellungsfreigelände
Congress-
Center
Halle 2
Halle 4
Merkur-
brunnen
Messe-
gelände
Messepark
Halle 1
Halle 3
Halle 5
allee
P
bergstr.
Kleingärten
Majakowski-
str.
Vierzehn-
Bäume-
Weg
Stralsunder Str.
Mockau
Ost
Am
Wasserwer
Zum
Turgenjew-
Puschkin-
str.
Korolenko-
Rosenow-
Dostojewski-
str.
Lomonossow-
str.
Kleinsiedl.
Mockau
Friedrichshafner
205
204
Tolstoi-
Gontscharow-
Mendelejew-
Herzen-
str.
Kuckhoff-
Ziolkowski-str.
Alte Hohe
Stralsunder
Straße
Mockau-
Nord
Gogol-
str.
Neuenburger
Weg
Ostrow-
Schildberger
Weg
84
Simon-
Bolivar-
Str.
1 = Lilienthals
Berufssch.
80,81
82,83
Tauchaer Str.
Wittkow-
ski-
str.
Sport-
platz
Carle
bach-
str.
Katz-
mann-
str.
Walter-
Otto-
Albrecht-
Leo-
Mitschurin-
str.
Lermontow-
str.
Kopernikus-
str.
Gontscharowstr.
Mendelejew-
str.
Tschernyschewski-
str.
Herzen-
Weg
Komarow-
str.
Otto-
Heinze-
Str.
Tauchaer-
Samuel-
Lampel-
Str.
Fried-
hof
Stephanus-
Kirche
Hilli-
ger-
str.
22,3
37
Michael-
Str.
71
Essener
Förder-
sch.
Kieler
22,31,37
Mockauer Str.
Bochumer
135
100
72
40
27
80

115

Wahren
A
B
C
Sternsiedlung
Nord
Damaschke-
Buchfinkenweg
Amsel-
Zeisig-
straße
Am Pfarrfelde
Klein-
gärten
Kleingärten
Am Viadukt
Galilei-
str.
Fallada-str.
Fučik-
Swift-
Sesenheimer-
Defoe-
str.
Wiederitzscher
Friedhof
St. Albert
Stammer-
berg-str.
Gottlaß-
Hopfen-
Linkel-
straße
Klein-
gtn.
Rath.
Soziala
Str.
Friedrich-
Wenden-
str.
Altenheim
Am alten Gasthof
Am Hirten-
hs.
Bauern-
brücke
Bosse-
Agnes-
str.
Annaberger
Str.
Bibl.
Karl-
Helbig-
Str.
H.-Heilmann-Str.
Christoph-Probst-
Str.
Gerstäcker-
str.
Blücher-
Fritz-Simonis-
Str.
Beimler-Str.
Georg-
Straße
Stra-
ßen-
bf.
Slevogt-
Kleingtn.
Frohe
Stunde
Wiede-
ritzscher
straße
Diderot-
Yorck-
str.
Uhrig-
str.
Chr.-Ferkel-
Str.
Blücher-
E.-V.-Brockdorff-
Str.
Auferstehung-
K.
Dante-
Friedhof
Verl.- Max-
Liebermann- Str.
Toska-
7 = Am Zuckmantel
8 = Lucknerstraße
9 = Am Pfefferbrückchen
Bucks-
Knop-
dorff-
Wettin
brücke
10 = Schubertstraße
Reuning-
str.
Kühn-
Str.
Gustav-
Wolffstr.
Pohle-
str.
Kirsch-
uensee
Boots-
verleih
Freibad
3
Sportanl.
Wettinbr.
Sport-
pl.
Tennis-
pl.
Radweg
Marienweg
Weiße Elster
HTWK
Kleingtn.
Froschburg
Am
Marienweg
1 = J.-Müller-Str.
2 = Thärigenstr.
3 = Kernstraße
4 = Elsterblick
weg
Reitweg
4
Wilder
Mann
Kippe
Kleingtn.
Elstertal
1905
Kleingtn.
Neuer Weg
Radweg
S1
Heuweg
Marienbrücke
Marienweg
Kläranl.
S1
Radweg
Nahlesteg
Heuweg
Elstermühlgraben
Nahle
Kleingärten
Leutzscher
Aue
5
Schmiedt-
str.
Vierackerwiesen
Schützer-
str.
Leutzsch
Radweg
Das
Verschlossene
Holz
Das
Niederholz
Sport-
museum
Mathiesen-
str.
Die Gottge
Zum Harfen-
Str.
Landauer-
Br.
Touristiklehr-
pfad Nord
Schießsport-
anlage
Hans-
Driesch-
Straße
Cotta-
Radweg
Tennis-
anl.
6
Klein-
gärten
400 m
Leutzscher
Alleenbrücke
Motodrom
Elster-
Friesen
Schnitzbad
Eissport-
stadion
Sport-
halle
Sportpl.

116

D
E
F
Gohlis-Nord
Stadion des Friedens
Tierheim
Freibad Gohlis
Tennis-pl.
4 = Rodinweg
5 = Fleckensteiner Weg
6 = Chamissoweg
7 = Alemannenweg
8 = Papitzer Straße
Kaserne
Jörgen-Schmidtchen-Weg
Beyerlein-str.
Bremer Str.
Sylter Str.
Helgoländer Weg
Wangerooger Weg
Norderneyer Weg
Juister Weg
Borkumer Weg
Freibad Maria-Grollmuß-Str.
Stadion
Hedwig-Burgheim-Str.
Olbricht-str.
Landsberger Straße
Max-Liebermann-Straße
Hannoversche Str.
Gohlis-Mitte
Fördersch.
Kleingtn.
Oldenb. Str.
W.-Stoecker-Str.
Lotze-str.
Knöfler-str.
Braunschweiger Str.
Friedhof
Germanus
1 = Goslarer Str.
2 = Matthisonstr.
Heinrich-Mann-Str.
Renoir-str.
Strelitzer weg
Viertels-weg
Rudi-Opitz-Str.
Otto-Adam-Str.
Schehr-Str.
Roßlauer Str.
Hölderlinstr.
Claudius-str.
Matthisonstr.
Mehring
Adolph-Menzel-Str.
Plesse-Str.
Rousseau-str.
Voltaire-str.
Versöhnungs-Kirche
Stauffenberg-str.
Pl. d. 20. Juli 1944
Jägerstr.
Möckern
Fritz-Reuter-Str.
Wilhelm-Florin-Str.
Saefkow-str.
Breitenfelder Str.
Würkert-str.
Budde-str.
Wilhelm-Str.
Michael-Kazmierczak-Str.
Huygen-str.
binder-str.
Kleingtn.
Coppi-pl.
Coppiplatz
M.-Metzger-Str.
Daumier-str.
Dietzgen-str.
Etkar-André-str.
Virchow-str.
Schumann-
Seelen-
Laube-str.
Magdeburger Str.
Cöthner Str.
Halberstädter Str.
Benedix-str.
3 = Freiligrathplatz
L.-Möckern
Schkeuditzer Str.
AOK
Wiede-str.
Schacht-str.
Sozialamt
Els-beth-Str.
Lindenthaler Str.
Reginenstr.
Blumen-str.
Georg-Schumann-Straße
L.-Gohlis
Blochmann-str.
Heuweg
Eisenacher Str.
Möckernsche Str.
Sportplatz
Heinroth-str.
Stall-baum-str.
Klein-gärten
Wahrener Str.
Stock-str.
Gothaer-Str.
Eisenacher Str.
Schorlemmer-str.
Friedens-str.
Erfurter Str.
Lützow-Str.
Böhme-Str.
Kanal-str.
Herloßsohn-str.
Bibl.
Fechner-str.
Stolle-str.
Pölitz-str.
Marbach-str.
Winkel-str.
Berggarten-str.
Mus. Schillerhaus
Schiller-weg
Kirchplatz
Richter-str.
Ulrich-str.
Seger-Str.
Prellerstr.
Westgohliser Gartenkolonie
Weinlig-str.
Platnerstr.
Mencke-straße
Gohliser Schlößchen
Gohliser Str.
Gohlis-Süd
Fricke-str.
Am Rosenthal
Gohl. Wehr-Br.
Sportpl.
Poeten-weg
Schlößchen-weg
Berufs-sch.
Trufanow-str.
Breite
Tennis-pl.
Waldstraße
Parthe
Primavesi-str.
Turmgut-str.
Poeten-weg
Kickerlings-weg
Rußland
Ehrenstein-str.
Lumumba-str.
Leibnitz-str.
1 = Lüderstraße
2 = Endnerstraße
Kleingtn.
Kommandant-Prendel-Allee
Rothe-Str.
Balzac-str.
Rosen-tal
Marienweg
Möckernsche Allee
Herren-allee
HTWK
Springer-str.
Inst.
Frankreich
Bibl.
HTWK
Nord-platz
Blinden-park
Zoologischer Garten
HTWK
Gneisenau-str.
Leutzscher Allee
Wald-straße
Zöllner-str.
Waldstr.-Brücke
Schönauer weg
Kultur-allee
Große Wiese
Kongreß-halle
Zooeingang
Erich-Weinert-str.
Parthen-str.
Fördersch.
Goya-str.
Frauenklinik
Am Mückenschlößchen
Altenheime
Zentrum-Nordwest
Louise-Otto-Peters-
Christian-str.
Livia-Str.
Emil-Fuchs-Str.
Uferstr.
Robert-Koch-Platz
Ethnerstr.
113
117
1
2
4
5
6

110

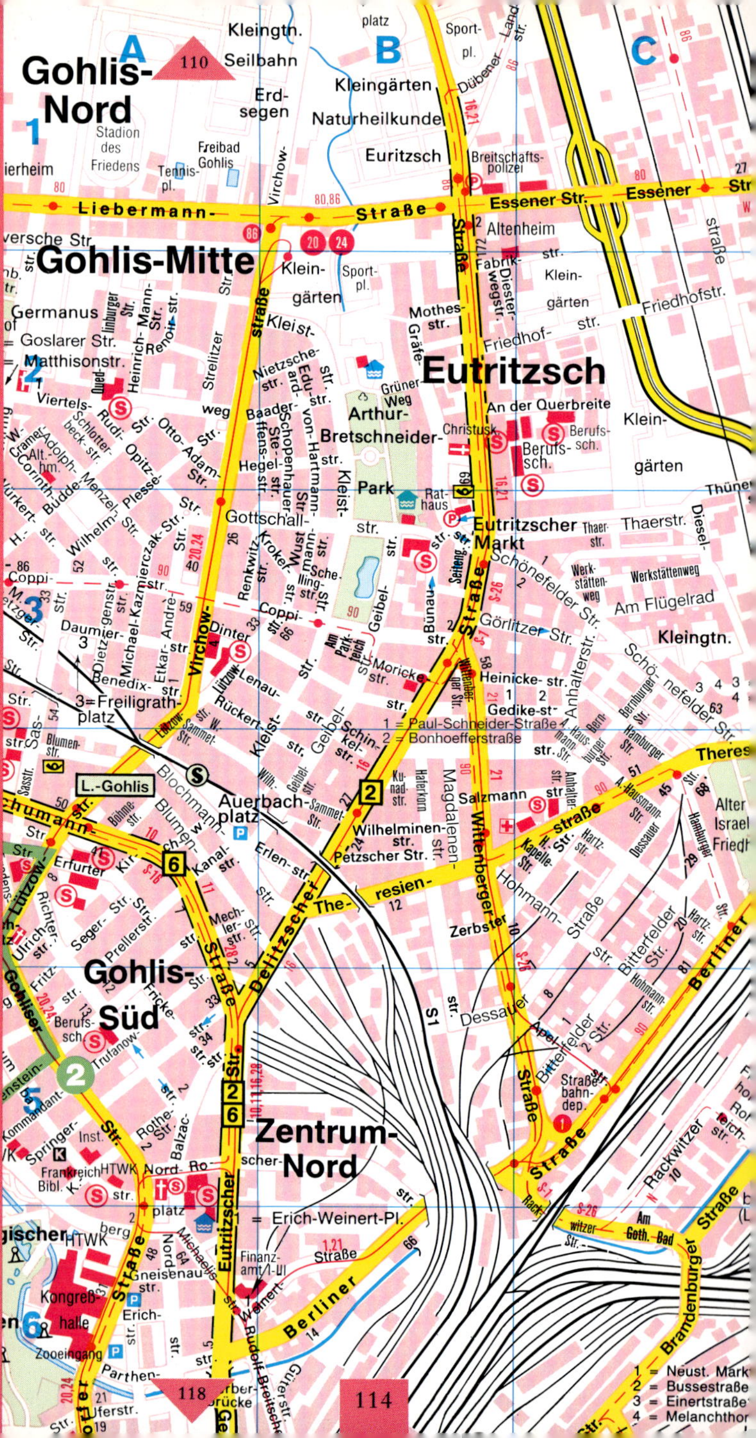

A
B
C
1
2
3
5
6
Gohlis-Nord
Gohlis-Mitte
Gohlis-Süd
Eutritzsch
Zentrum-Nord
Kleingtn.
Seilbahn
Erd-segen
Kleingärten
Naturheilkunde
Euritzsch
Sport-pl.
Dübener Landstr.
Breitschafts-polizei
Stadion des Friedens
Freibad Gohlis
Tennis-pl.
Liebermann-Straße
Essener Str.
Essener Str.
Altenheim
Fabrik-wegstr.
Diester-str.
Klein-gärten
Friedhofstr.
Friedhof-str.
Mothes-str.
Gräfe-str.
Germanus
Goslarer Str.
Matthisonstr.
Viertels-weg
Strelitzer Str.
Virchow-straße
Kleist-str.
Nietzsche-str.
Grüner Weg
Arthur-Bretschneider-Park
An der Querbreite
Christusk.
Berufs-sch.
Rat-haus
Eutritzscher Markt
Thaerstr.
Diesel-str.
Werkstättenweg
Am Flügelrad
Schönefelder Str.
Görlitzer Str.
Gottschall-str.
Coppi-str.
Daumier-str.
Michael-Kazmierczak-Str.
Benedix-str.
3 = Freiligrath-platz
Dinter
Lützow-str.
Lenau-str.
Rückert-str.
Mörickestr.
Heinicke-str.
Gedike-str.
Anhalterstr.
1 = Paul-Schneider-Straße
2 = Bonhoefferstraße
Bernburger Str.
Hamburger Str.
Theresienstraße
Alter Israel. Friedh.
Blumen-str.
L.-Gohlis
Blochmann-str.
Auerbach-platz
Salzmann
Wilhelminen-str.
Petzscher Str.
Magdalenen-str.
Wittenberger Straße
Delitzscher Straße
Erlen-str.
Kanal-str.
Erfurter Str.
Hohmann-Straße
Bitterfelder Str.
Dessauer Str.
Zerbster
Apelstr.
Straßenbahn-dep.
Berliner Straße
Rackwitzer Str.
Am Goth. Bad
Brandenburger Straße
Seger-Str.
Prellerstr.
Gohliser Str.
Berufs-sch.
Trufanow-str.
Springer-str.
Kommandant-
Frankreich Bibl.
HTWK
Nord-platz
Eutritzscher Str.
1 = Erich-Weinert-Pl.
Finanz-amt I-III
Gneisenau-str.
Kongreß-halle
Zooeingang
Erich-Weinert-str.
Parthen-
Rudolf-Breitscheid-
1 = Neust. Markt
2 = Bussestraße
3 = Einertstraße
4 = Melanchthon

118

Mockau-Süd
Abtnaundorf
Volkmarsdorf
Essener
Straße
Kieler
Tauchaer Str.
Tauchaer
Otto-
Walter-
Wittkowski-str.
Carlebach-str.
Katzmann-str.
Sportplatz
Albrecht-str.
Leo-
Gontscharow
Mendelejew
Herzen-
Komarow-
Bolivar-Str.
Berufssch.
Tschernyschewski-str.
Kopernikus-str.
Lermontow-str.
Mitschurin-str.
Friedrichshafner
Michael-Str.
Dorfmunder
Rosenow
Bochumer Str.
Bochumer
Förder-sch.
Str.
Mockauer Str.
Weg
Fried-hof
Samuel-
Lampe-Str.
Stephanus-Kirche
Hilliger-str.
Hugo Breitenborn
An der Parthe
Sport-platz
Oberläuter-str.
Kleingtn. Nordstern
Rossenow-
Leon-
Döring-
Busch-
Oelßner-
hardt-str.
Beuth-str.
Kleingärten
Mockau-Mitte
1 = Am Tore
Parthe
Kastanien-allee
Fr.-Kram-Weg
Sternbach-str.
Wilhelm-
Zu den Wiesen
Weidenhof
Gontard-
Weidenhof-weg
Gras-weg
Klee-weg
Erker-hof
Pappelhof
Zu den Gärten
Beuth-str.
Kinder-klinik
Wognaundorfer Gasse
Abtnaundorfer
Heiterblick-str.
Pavillon
Abtnaundorfer Park
Dortmunder Str.
Mockauer
Bertha-
Grunert-
Schneidersstr.
Stadion
Sport-schule
Stöhrer-
Bodenreform-siedlung
Kleingtn.
Schönefeld
Thekaer
Sport-platz
Finanz-amt IV
Volbeding-str.
Volbeding-str.
Berliner Brücke
Straße
Sport
Friedrichshafner Str.
Freibad
Altenheim
Schöne Heimat
Rothe platz
Kleingtn.
Lazarus-
Theklaer Str.
Klein-gtn.
Friedhof
Hänisch-str.
Heinrich-Str.
Büchner-str.
Sacke
Obluda-str.
Grunicke-str.
Wuttke-str.
Gittel-
Ossietzkystraße
Gedächtnis-K.
Förder-sch.
Pflege-heim
Raths-Soz. a.
R.-Blum-Str.
1 = Wenckstraße
2 = Schlippe
Zeumer-str.
Scheumann-str.
Schmidt-Rühl-Str.
Schreiber-str.
Berufssch.
Bautzner
Löbauer
Löbauer
Volksgartenstraße
allee
Zittauer
Wiek-
Marianne-park
Kleingärten An der Parthe
Heyse-
Heink-
Clara-
Stöckel-str.
Baunack-str.
Bibl.
Losinski-weg
Seipel-weg
Shukowstr.
Jan-zen-str.
Max-Lingner-Str.
Julian-Marchlewski-Str
Bästlein-
Sportplatz
Minisport-anlage
Linden-
Schauer-str.
Paul-Berger-str.
Dimpfel-
Taube-
AOK
Gorki-
H.-Schmidt-Str.
Emil-Schubert-
Trötzschel-
Pioß-str.
Fritz-Siemon-Str.
Schulzeweg
Schukow-str.
Permoserstr.
Volksgarten-str.
Klein-gtn.
straße
Stöckel-platz
Waldbaur-str.
Stannebein-pl.
L.-Ost
Pögner-str.
Fr.-Nansen-Str.
1 = Elsa-Brändström-Str.
2 = Kuntzschmannstraße
Nordost-
Volks-vorstadt
garten
Kohl-
400 m
Kleingtn.
Volks-gärten
Portitzer
Hermann-
Schulze-Delitzsch-Str.
Hl. Kreuz-K.
Meiß-ner Str.
Neustädter Str.
Hedwig-Str.
Torgauer Str.
111
115
119
1
2
3
4
5
6
D
E
F

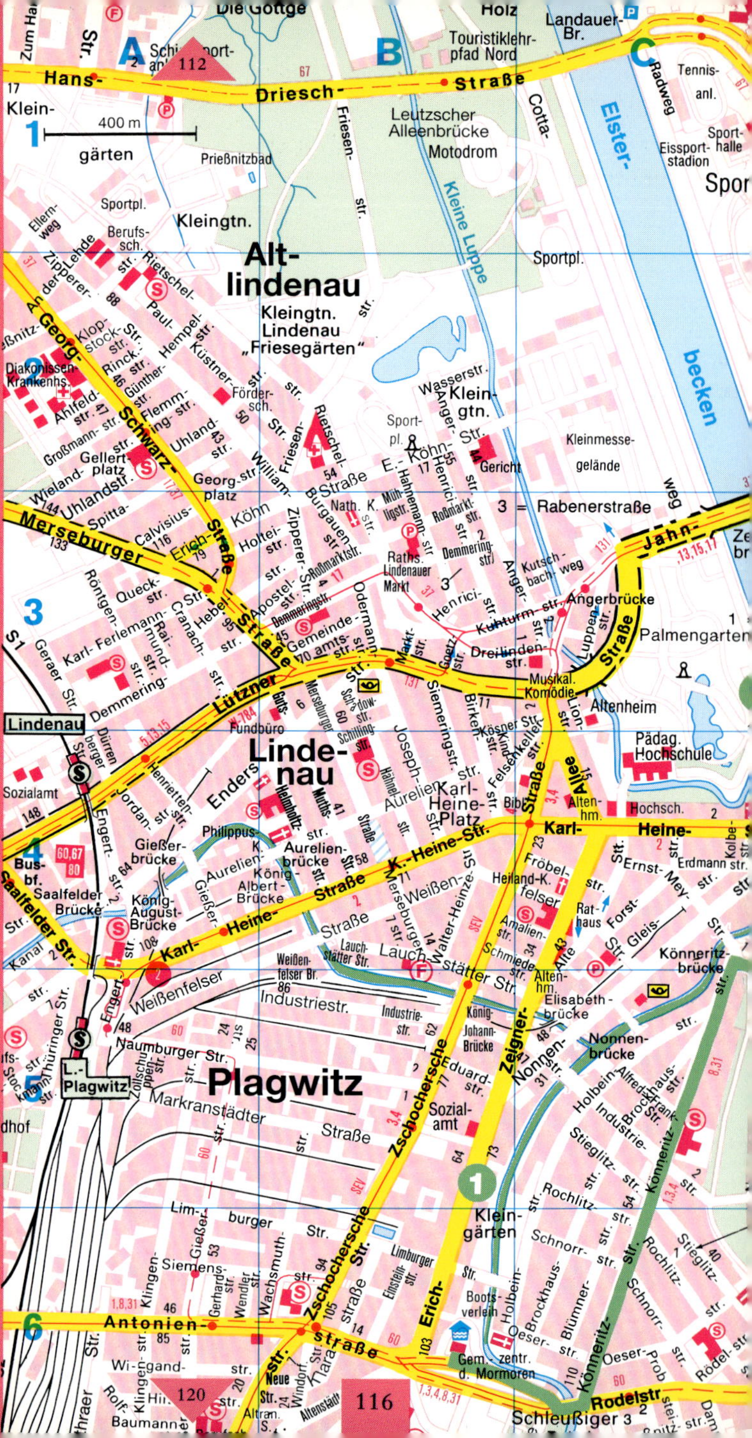

A
B
C
1
2
3
4
5
6
112
120
400 m
Hans-Driesch-Straße
Klein-gärten
Prießnitzbad
Sportpl.
Kleingtn.
Alt-lindenau
Kleingtn. Lindenau „Friesegärten"
Leutzscher Alleenbrücke
Motodrom
Touristiklehrpfad Nord
Landauer Br.
Friesen-str.
Cotta-
Kleine Luppe
Elster-becken
Tennis-anl.
Radweg
Sport-halle
Eissport-stadion
Sportpl.
Ellern-weg
Berufs-sch.
Zipperer-
An der Lehde
Rietschel-
Paul-
Hempel-
Küstner-
Klopstock-str.
Rinck-str.
Günther-
Flemming-str.
Diakonissen-Krankenhs.
Ahlfeld-str.
Großmann-str.
Gellert-platz
Wieland-
Uhlandstr.
Uhland-
Georg-Schwarz-Straße
Förder-sch.
William-
Friesen-
Georg-platz
Wasserstr.
Klein-gtn.
Sport-pl.
Anger-
E.-Köhn-Straße
Gericht
Kleinmesse-gelände
3 = Rabenerstraße
Merseburger
Spitta-
Calvisius-
Erich-Köhn-Straße
Holtei-str.
Zipperer-Str.
Burgauen-str.
Nath. K.
Hahnemann-str.
Henrici-str.
Roßmarktstr.
Demmering-str.
Raths. Lindenauer Markt
Kutschbach-weg
Angerbrücke
Jahn-
Palmengarten
Röntgen-
Queck-str.
Karl-Ferlemann-
Raimund-str.
Cranach-
Hebel-
Apostel-
Demmeringstr.
Gemeinde-amts-str.
Odermann-
Markt-str.
Henrici-
Kuhturm-str.
Dreilinden-str.
Luppen-str.
Jahnallee
Musikal. Komödie
Altenheim
Geraer Str.
Demmering-
Lützner Straße
Lindenau
Fundbüro
Linde-nau
Merseburger
Schreber-
Schilling-str.
Joseph-
Siemeringstr.
Birken-
Kösner Str.
Felsenkeller
Pädag. Hochschule
Sozialamt
Dürrenberger
Jordan-
Henrietten-
Enders
Helmholtz-
Aurelien-
Karl-Heine-Platz
Bibl.
Alten-hm.
Hochsch.
Engert-
Philippus-K.
Gießer-brücke
Aurelien-brücke
K.-Heine-Str.
Karl-Heine-Str.
Bus-bf.
Saalfelder Brücke
Saalfelder Str.
Kanal
König-August-Brücke
König-Albert-Brücke
Gießer-
Heiland-K.
Fröbel-str.
Ernst-Mey-str.
Erdmann str.
Kolbe-
Weißen-felser-
Straße
Lauchstätter Str.
Weißenfelser Br.
Walter-Heinze-
Amalien-str.
Schmiede-str.
Rathaus
Forst-
Gleis-
Könneritz-brücke
Weißenfelser
Industriestr.
Industrie-str.
König-Johann-Brücke
Zschochersche
Zeigner-Allee
Elisabeth-brücke
Nonnen-brücke
Nonnen-str.
Thüringer Str.
Naumburger Str.
L.-Plagwitz
Plagwitz
Markranstädter Straße
Eduard-str.
Sozial-amt
Holbein-
Alfred-Frank-Str.
Brockhaus-
Industrie-
Stieglitz-str.
Rochlitz-str.
Könneritz-str.
Limburger Str.
Klein-gärten
Schnorr-str.
Siemens-str.
Gießer-
Gerhard-str.
Wendler-str.
Wachsmuth-str.
Zschochersche Str.
Limburger str.
Einstein-str.
Erich-
Boots-verleih
Blümner-
Antonien-Straße
Klingen-
Wiegand-
Neue Str.
Windorf.
Gem.-zentr. d. Mormonen
Oeser-str.
Rödel-str.
Rodelstr.
Schleußiger
Altran.

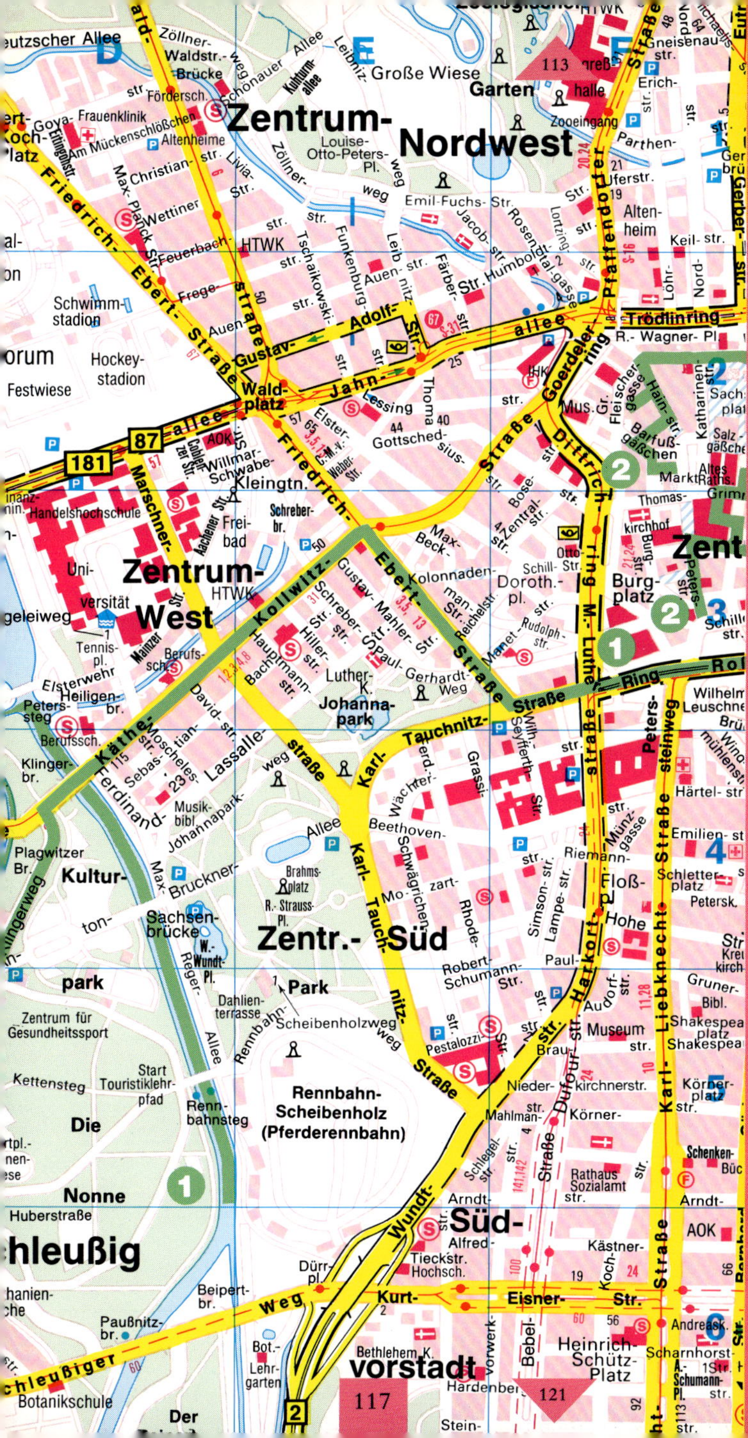

Zentrum-Nordwest
Zentrum-West
Zentr.-Süd
Süd-vorstadt
Schleußig
Große Wiese
Garten
Zooeingang
Frauenklinik
Altenheime
Louise-Otto-Peters-Pl.
Emil-Fuchs-Str.
Friedrich-Ebert-Straße
Gustav-Adolf-Str.
Jahnallee
Waldplatz
Goerdelerring
Tröndlinring
Dittrichring
Martin-Luther-Ring
Roßplatz
Trödlinring
Pfaffendorfer Str.
Schwimmstadion
Hockeystadion
Festwiese
Handelshochschule
Universität
HTWK
Freibad
Marschnerstr.
Käthe-Kollwitz-Str.
Johannapark
Karl-Tauchnitz-Str.
Lutherk.
Paul-Gerhardt-Weg
Clara-Zetkin-Park
Kulturpark
Sachsenbrücke
Rennbahn Scheibenholz (Pferderennbahn)
Scheibenholzweg
Zentrum für Gesundheitssport
Nonne
Huberstraße
Botanikschule
Bot. Lehrgarten
Wundtstr.
Kurt-Eisner-Str.
Karl-Liebknecht-Straße
Peterssteinweg
Harkortstr.
Dufourstr.
Rathaus Sozialamt
Museum
Heinrich-Schütz-Platz
Bethlehem K.
Schleußiger Weg
Burgplatz
Thomaskirchhof
Wilhelm-Leuschner-Pl.
Emilienstr.
Schletterplatz
Floßplatz
Körnerplatz
Tieckstr. Hochsch.
113
117
121

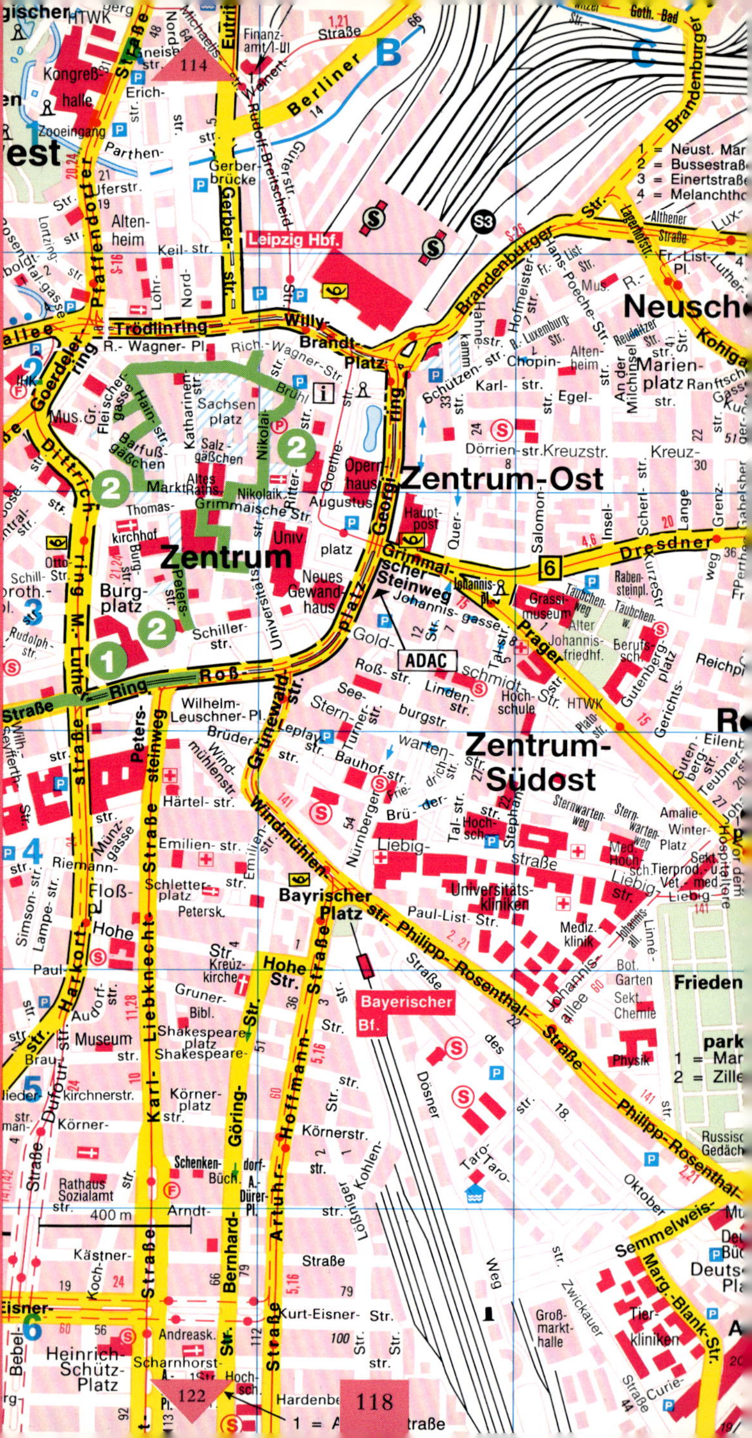
114
HTWK
Kongreß-halle
Zooeingang
Finanz-amt/I-III
Berliner Straße
B
C
Goth. Bad
Brandenburger Str.
1 = Neust. Mar
2 = Bussestraße
3 = Einertstraße
4 = Melanchtho
Gerberbrücke
Gerber-str.
Rudolf-Breitscheid-str.
Güterstr.
Leipzig Hbf.
S3
Pfaffendorfer Str.
Parthen-str.
Uferstr.
Alten-heim
Keil-str.
Lohr-str.
Nord-str.
Tröndlinring
R.-Wagner-Pl.
Rich.-Wagner-Str.
Willy-Brandt-Platz
Goerdelerring
Brühl
Sachsen platz
Katharinen-str.
Hain-str.
Fleischer-gasse
Barfuß-gäßchen
Salz-gäßchen
Nikolai-str.
Markt
Altes Rath.
Nikolaik.
Grimmaische Str.
Ritter-str.
Goethe-str.
Opern-haus
Georgi-ring
Augustus-platz
Haupt-post
Univ.
Neues Gewand-haus
Zentrum
Zentrum-Ost
Thomas-kirchhof
Burg-platz
Peters-str.
Schiller-str.
Universitäts-str.
Dittrich-ring
Martin-Luther-Ring
Roß-Ring
Grimmaischer Steinweg
Johannisgasse
Johannis-pl.
ADAC
Gold-schmidt-str.
Roß-str.
Linden-str.
Grassi-museum
Alter Johannis-friedhof
Prager Str.
Täubchen-weg
Dresdner Str.
Neusche
Kohlgarten
Marien-platz
Rabensteinpl.
Kurze Str.
Kreuz-str.
Dörrien-str.
Kreuzstr.
Hahnekamm-str.
Hofmeister-str.
Chopin-str.
Alten-heim
Egel-str.
Karl-str.
Schützen-str.
Quer-str.
Salomon-str.
Insel-str.
Scherl-str.
Lange str.
Grenz-str.
Berufs-sch.
Gutenberg-platz
Hoch-schule
HTWK
Zentrum-Südost
Wilhelm-Leuschner-Pl.
Grünewald-str.
Peters-steinweg
Windmühlen-str.
Brüder-str.
Leplay-str.
Stern-warten-str.
Bauhof-str.
Turner-str.
Nürnberger Str.
Härtel-str.
Emilien-str.
Münz-gasse
Riemann-str.
Floß-pl.
Schletter-platz
Petersk.
Bayrischer Platz
Liebig-straße
Universitäts-kliniken
Paul-List-Str.
Mediz. klinik
Sternwartenweg
Philipp-Rosenthal-Straße
Johannis-allee
Bot. Garten
Sekt. Chemie
Friedenspark
Physik
Bayerischer Bf.
Hohe Str.
Kreuz-kirche
Gruner-Bibl.
Shakespeare-platz
Shakespeare-str.
Harkort-str.
Museum
Dufour-str.
Karl-Liebknecht-Straße
Körner-platz
Göring-str.
Arthur-Hoffmann-Straße
Körnerstr.
Schenken-dorf-str.
A.-Dürer-Pl.
Rathaus Sozialamt
400 m
Arndt-str.
Kästner-str.
Koch-str.
Bernhard-Göring-Str.
Kurt-Eisner-Str.
Andreask.
Scharnhorst-str.
Heinrich-Schütz-Platz
Löẞniger str.
Kohlen-str.
Dösner Weg
Taro-str.
Oktober-str.
Semmelweis-str.
Marg.-Blank-Str.
Tier-kliniken
Großmarkt-halle
Zwickauer str.
Curie-str.
122
118

Volkmarsdorf
Neustadt
L.-Ost
Stannebein-pl.
1 = Elsa-Brändström-Str.
2 = Kuntzschmannstr.
115
Nordost-Volks-vorstadt
Kleingärten Fortschritt Nordost
Volks-gärten
Sellerhausen
Eisenbahnstraße
87
Torgauer Str.
Torgauer Platz
Wurzner Str.
Hermann-Liebmann-Straße
1 = Lukasstraße
2 = Trinitatisstraße
3 = Kohlgartenweg
Stünz
Rietzschke-aue
Kleingärten
Anger-Crottendorf
Anger-Crottendorf
Zweinaundorfer Straße
Ramdorscher Park
Trinitatisk.
Grüne Aue
Riebeckstr.
Breite Str.
Ostfriedhof
Sternsiedlung Ost
Südost-stadion
Freibad
Naherholungsgebiet Stotteritzer Wäldchen
1 = Lochmanns
2 = Dorstigstra
3 = Baumayers
Stötteritzer Straße
Papiermühlstraße
L.- Stötteritz
1 = R.-Krüger-Straße
2 = Thonberger Straße
Prager Straße
Thonberg
Messegelände
Holzhäuser Straße
Oberdorfstr.
Univer. Kinder klinik
Altenheim
Kapelle
119
123

116
A
B
C
Limburger Str.
Zschochersche Str.
Zschochersche Straße
Antonien-straße
Erich-
Klein-gärten
Schnorr-str.
Rochlitz-str.
Stieglitz-str.
Bootsverleih
Holbein-
Brockhaus-
Blümner-
Oeser-str.
Könneritz-str.
Gem.-zentr. d. Mormonen
Rodelstr.
Schleußiger Brücke
Sommerbad
Wi-gand-str.
Hirzel-str.
Rolf-Baumann-str.
Berufsch.
Creuziger-str.
Eythraer Str.
Panitz-str.
Rust-str.
Schwartze-str.
Kulkwitzer Str.
Kapelle
Friedhof
Campe-str.
Miltitzer-Str.
Dieskau-
Windorfer
Altenstädter Str.
Stadion der Freundschaft
Tabor-K.
Volkspark Kleinzschocher
Klein-zschocher
Das Küchenholz
Küchenholz-allee
Weiße Elster
Hüffer-Tennis-platz
Tischbein-str.
Pistoris-
Hoyer-
Agricola-str.
Wilhelm-Wild-Str.
Marpergerstr.
Kirschgartenweg
Sportpl.
1 = Hartmannsdorfer Straße
2 = Kötzschauer Straße
Kresse-Str.
Leipziger Radrennbahn
Sportanl. LSC 1901
Kleingärten Naturheilkunde
L.-Kleinzschocher
Kleingtn. Abendsonne
Einig-keit
Das Hahnholz
Kleingtn. Elster-grund
M.-Herrmann-Str.
1 = Albert-Vollsack-Straße
2 = Schönauer Straße
3 = Wöllner Straße
Nagel-
Arthur-
Kloß-
Otto-Militzer Str.
Kleingärten
S2
Großzschocher
Barbusse-str.
Alfred-Rosch-Str.
Häußer-str.
Häußer Str.
Karl-Heft-Str.
Brauerei-str.
Küchenholzallee
Falken-steinstr.
Falkensteinstr.
Siedl. Erlengrund
Kleingtn.
Zickmantel-
Förder-sch.
Gutspark Großzschocher
Heinrich-
Bruno-
Hutten-str.
Apostelk.
Weiße Elster
Brücken-str.
Gerhard-Ellrodt-Straße
Brückenstraße
Klein-gtn.
R
Rosenberg-Str.
Grillen-str.
An der Mühle
Mühlen-weg
Lauerscher Weg
Mühlen-park
4 = Traubengasse
Bade-weg
Klein-gärten
Schmetterl.-weg
Libellen-
Wingert-gasse
Kleingtn.
Windorf
Am Badeweg
Lauerscher Weg
Dieskau-straße
400 m
Graben
Körnerdenkmal
Elsterflutrinne
Klein-gärten

Huberstraße
D
E
F
Schleußig
Süd-
vorstadt
117
121
124
Alfred-
Tieckstr.
Hochsch.
Kästner-
AOK
Beipert-
br.
Dürr-
pl.
Kurt-
Eisner-
Str.
Paußnitz-
br.
Schleußiger
Weg
Bot.-
Lehr-
garten
Bethlehem K.
Hardenberg-
Heinrich-
Schütz-
Platz
Andreask.
Scharnhorst-
A.-Schumann-
Pl.
Botanikschule
Der
Beipert
Stein-
Halde
Fichte-
Kant-
Pflege-
heim
August-
Bebel-
Vorwerk-
Focke-
Brand-
Karl-
Liebknecht-
Straße
HTWK
Bibl.
Richard-
Lehmann-
HTWK
Hochsch.
Eichen-
dorff-
Verw.Reg.
Fachh.
Gustav-
Freytag-
Str.
Präsidium
Arb.-
amt
Windscheid-
Heilemann-
Scheffel-str.
Scheffel-
Bibl.
Arno-
Umwelt-
bibl.
Die
Linie
NSG
Das
Streitholz
Neue
Linie
Tennis-
pl.
Paul-
Gerhard-
K.
Selnecker-
str.
Brand-
Similden-
str.
Wolfgang-
Heinze-
Straße
Bornaische
Biedermann-
str.
Auerbach-
str.
Herder-
str.
Schwarze
Brücke
Sportpl.
Wald-
sportpl.
Leipziger
Mathilden-
str.
Ba-
sedow-
str.
Hermann-
str.
Teich-
Roßmäßler-
str.
Ernesti-
str.
Mühlholz-
gasse
Neudorf-
gasse
Leopold-
Meusdorfer
Haken-
brücke
Weiße Brücke
Das
Mühlholz
Prinz-
Pony-
reitbahn
Straße
Pleiße
Auensholz
Naherholungsgebiet
Wildpark
Wald-
sportpl.
Floßgraben
Kläranl.
Der Horst
Die
Gautzscher
Spitze
1 = Am Ratsholz
2 = Am Knie
3 = Eschenweg
Ziegeleiweg
Am Wolfs-
winkel
Großer Bogen
Kl.Bogen
Am Wolfswinkel
Die Kehr
Wald-
Spinne
A. Wolf-
Koburger
A.-Dürer-
Str.
Wolfgang-Heinze-
Str.
Pleißer

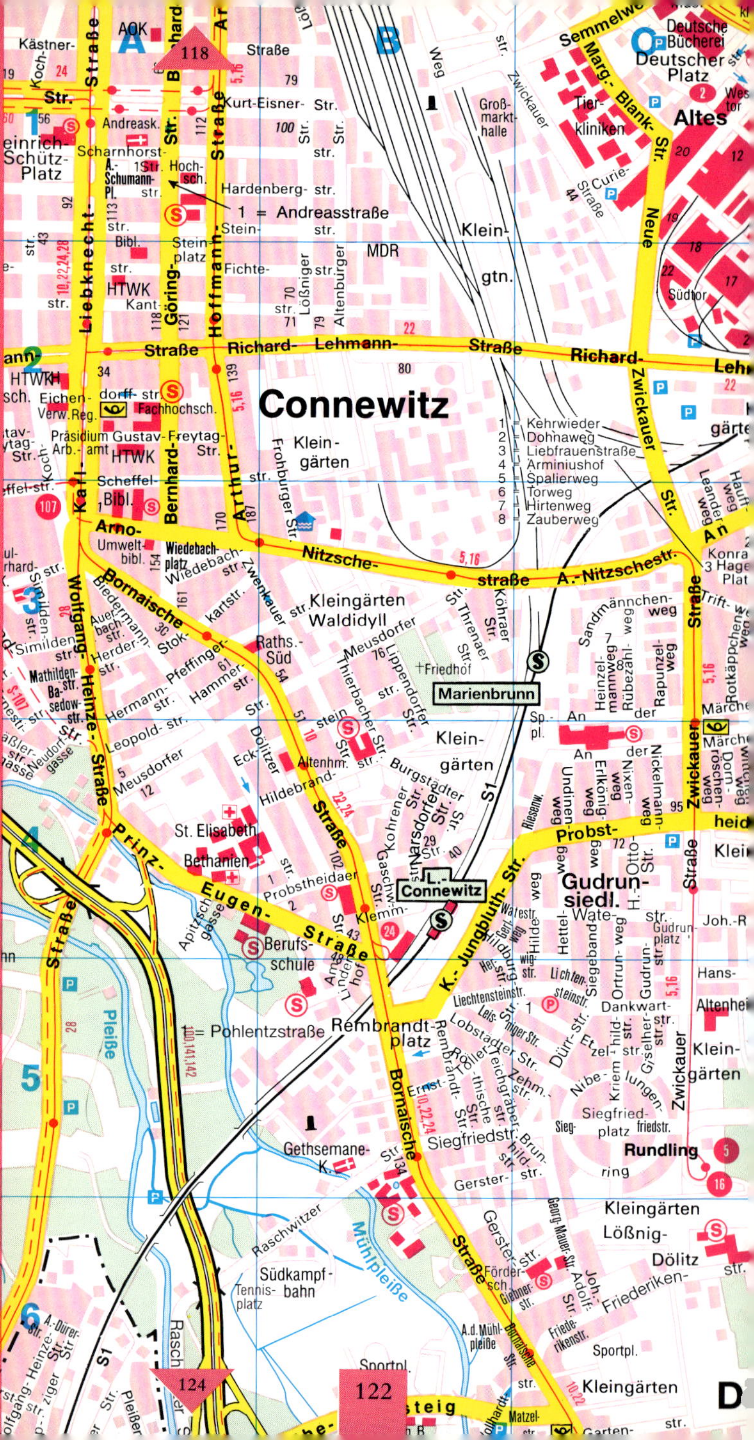

118
124
Connewitz
AOK
Kästner-
Koch-
Liebknecht-
Straße
Kurt-Eisner-
Str.
Andreask.
Scharnhorst-
Heinrich-Schütz-Platz
A.-Schumann-Pl.
Hoch-sch.
Hardenberg-
str.
1 = Andreasstraße
Stein-
Steinplatz
Fichte-
Bibl.
HTWK
Kant-
Göring-
Hoffmann-
Straße
Lößniger
Altenburger
MDR
Groß-markt-halle
Zwickauer
Semmelwe
Deutsche Bücherei
Deutscher Platz
Marg.-Blank-Str.
Tier-kliniken
Altes
Curie-Straße
Neue
Südtor
Klein-gtn.
Richard-Lehmann-Straße
HTWK
Eichen-dorff-str.
Fachhochsch.
Verw.Reg.
Präsidium
Arb.-amt
Gustav-Freytag-Str.
Bernhard-
Arthur-
Frohburger Str.
Klein-gärten
Zwickauer Str.
1 = Kehrwieder
2 = Dohnaweg
3 = Liebfrauenstraße
4 = Arminiushof
5 = Spalierweg
6 = Torweg
7 = Hirtenweg
8 = Zauberweg
Scheffel-
Bibl.
Karl-
Arno-
Umwelt-bibl.
Wiedebach-platz
Wiedebach-str.
Nitzsche-straße
A.-Nitzschestr.
An
Konra
Hage
Plat
Leander-weg
Hauff-weg
Bornaische
Wolfgang-Heinze-Straße
Similden-str.
Auerbach-str.
Biedermann-str.
Stok-kartstr.
Zwenkauer str.
Kleingärten Waldidyll
Meusdorfer
Threnaer Str.
Köhraer Str.
Friedhof
Marienbrunn
Sandmännchen-weg
Rübezahl-weg
Rapunzel-weg
Heinzel-mannweg
Rotkäppchen-weg
Trift-we
Märchen
Raths.-Süd
Herder-str.
Pfeffinger-str.
Hammer-str.
Mathilden-str.
Basedow-str.
Hermann-
Leopold-str.
Meusdorfer
Eck-
Dölitzer
Hildebrand-
Altenhm.
Thierbacher Str.
Lippendorfer Str.
Klein-gärten
Burgstädter Str.
S1
Sp.-pl.
Undinen-weg
Erlkönig-weg
Nixen-weg
Nickelmann-weg
Dorn-röschen-weg
Neudorf-gasse
St. Elisabeth
Bethanien
Prinz-Eugen-Straße
Probstheidaer
Kohrener
Narsdorfer Str.
L.-Connewitz
Probst-heid
Gudrun-siedl.
H.-Otto-Str.
Wate-str.
Hettel-weg
Siegeband-
Ortrun-weg
Gudrun-str.
Gudrun-platz
Joh.-R
Hans-
Apitzsch-gasse
Berufs-schule
Am Lindenhof
Klemm-
Gaschw.-Str.
K.-Jungbluth-Str.
Hilde-weg
Liechtensteinstr.
Lichtensteinstr.
Dankwart-str.
Altenhei
1 = Pohlentzstraße
Rembrandt-platz
Lobstädter Str.
Teichgräber-str.
Dürr-Str.
Etzel-str.
Giselher-str.
Klein-gärten
Pleiße
Ernst-
Rembrandt-Str.
Zehm.-str.
Nibelungen-
Kriemhild-
Siegfried-platz
Siegfriedstr.
Brunhild-str.
Sieg-
friedstr.
Rundling
ring
Gethsemane-K.
Gerster-str.
Kleingärten
Lößnig-
Dölitz
Raschwitzer
Südkampfbahn
Tennis-platz
Mühlpleiße
Förder-sch.
Georg-Mauer-Str.
Joh.-Adolf-Str.
Friederiken-str.
Friede-rikenstr.
A.d.Mühl-pleiße
Sportpl.
Kleingärten
Sportpl.
Matzel-
A.-Dürer-Str.
Wolfgang-Heinze-Str.
Pleißer
Rasch
steig
Garten-

119
123
125
Thonberg
Oberdorfstr.
Sommerfelder Str.
Zuckelhausener Str.
Kolmstraße
Holzhäuser Straße
Lichtenberg weg
Güntz-
Kurt-Huber-Weg
Kisch-Weg
Liebertwolkwitzer Str.
Lausicker Str.
Obere Eichstädt-str.
Ludolf-Colditz-Str.
Liebertwolkwitzer Str.
Baalsdorfer Str.
Pösnaer Str.
Altenheim
Naunhofer Str.
Nordtor
Osttor
Hochsch.
Egon-Erwin-
Marienbrunnenstr.
Schönbach-str.
Wasser
AOK
Ferdinand-Jost-str.
Glafey-str.
Raths.
Sozialamt
Weiße-str.
Weißeplatz
Schönbach-
Leipzig-Völkerschlachtdenkmal
Str. des 18. Oktober
Museum
Carl-Hampel-Platz
Friedhofsweg
Tabaksmühle
L.-Colditz-Str.
Wasserwerk
Am Wasserwerk
Gustav-Schwabe-Platz
Gregory-platz
Thiem-Str.
Ambrosius-Barth-Platz
Komm.-Prendel-Allee
Altenhm.
Hessen-str.
Cherusker-str.
Lausicker Str.
Flinzer-str.
Naunhofer Str.
Goten-str.
Napoleonstein
Grimmweg
Siedl. an der Tabaksmühle
Völkerschlachtdenkmal
Gletscherstein-Str.
Stormthaler Str.
Kommandant-Prendel-Allee
Güldengossaer Str.
Sportanlage
Stötteritz
Prager Str.
J.-J.-Weber-Platz
Tennis-pl.
Kleingtn.
Burgun
Augustiner
Südfriedhof
Lerchenrain
Gartenvorstadt Marienbrunn
Marienbrunn
Kapellen- und Feuerbestattungsanlage
Förder-sch.
Kl. f. Orthop. u. Rehab.
Freundschaftspark
Russen-str.
Harnisch-str.
Immanuelkirche
Triftweg
Sterntaler-weg
Siedl. Mariental
Elfenweg
Däumlingsweg
Frau-Holle-Weg
Froschkönigweg
Prinzenweg
Zwergenweg
Connewitzer Straße
Nieritz-str.
Bockstr.
Leuckart-str.
Sport-
Tennis-pl.
Bus-bf.
Klein-gärten
Bruno-Plache-Stadion
plätze
Sporthalle
Dösner Str.
Kurt-Tucholsky-Str.
Bernhard-Kellermann-Str.
Willi-Bredel-Str.
Wohnkomplex Johannes R. Becher
Kleingärten
Förder-sch.
Friederiken-Str.
Probstheida
Chemnitzer Straße
H.-Bochow-Str.
Siedlung Neuheida
Erholungspark Lößnig
Lößnig-Dölitz
Am Wetterschacht
Gorbitzer Str.
Roller- u. Automodell-Sportbahn
Leinesiedlung
Geleinholz
Paul-Flechsig-Str.
Parkkrankenhaus
Leipzig-Dösen
400 m
Am Silbersee
Halde
Kleingärten
1
2
3
4
5
6

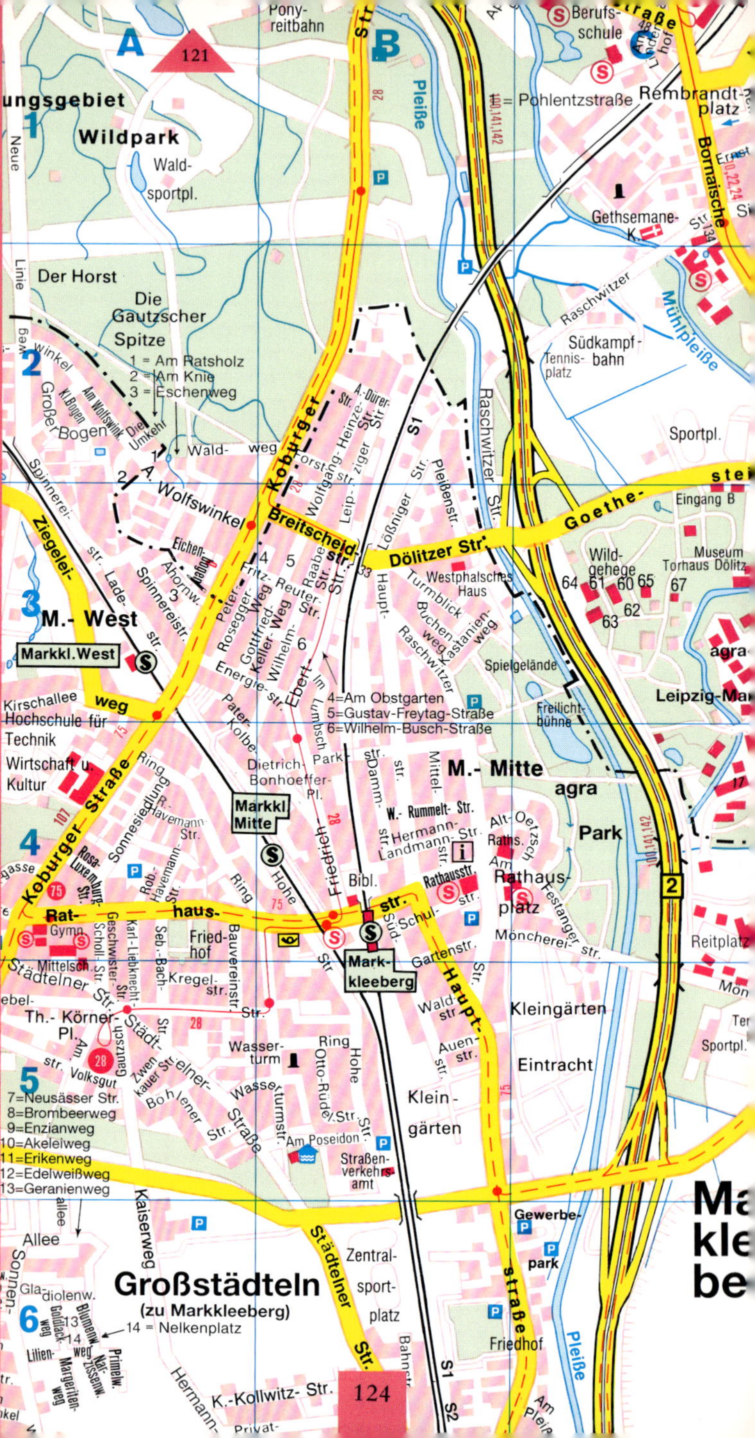
121
A
B
C
Pony-
reitbahn
Berufs-
schule
ungsgebiet
Wildpark
Wald-
sportpl.
Pleiße
Pohlentzstraße
Rembrandt-
platz
Bornaische
Gethsemane-
K.
Neue
Linie
Der Horst
Die
Gautzscher
Spitze
1 = Am Ratsholz
2 = Am Knie
3 = Eschenweg
Raschwitzer
Mühlpleiße
Südkampf-
bahn
Tennis-
platz
Sportpl.
Winkel
Großer Bogen
Kl. Bogen
Am Wolfswinkel
Die
Umkehr
Wald-
weg
A. Wolfswinkel
Koburger
Breitscheid-
str.
Horst-
str.
Wolfgang-Heinze-
str.
A.-Dürer-
Str.
Leip-
ziger
Str.
S1
Lößniger
Str.
Pleißenstr.
Raschwitzer
Str.
Dölitzer Str.
Goethe-
Eingang B
Wild-
gehege
Museum
Torhaus Dölitz
Spinnerei-
str.
Ziegelei-
Lade-
str.
Spinnereistr.
Eichen-
Ahornw.
Peter-
Rosegger-
Weg
Fritz-
Reuter-
Str.
Raabe-
Str.
Gottfried-
Keller-
Weg
Wilhelm-
Haupt-
Westphalsches
Haus
Turmblick
Buchen-
weg
Kastanien-
weg
Raschwitzer
M.- West
Markkl.West
Energie-
str.
Ebert-
Im
Lumbsch
Park
4=Am Obstgarten
5=Gustav-Freytag-Straße
6=Wilhelm-Busch-Straße
Spielgelände
Freilicht-
bühne
agra
Leipzig-Ma
Kirschallee
weg
Hochschule für
Technik
Wirtschaft u.
Kultur
Koburger
Straße
Ring
R.-
Havemann-
Str.
Sonnensiedlung
Pater-
Kolbe-
Dietrich-
Bonhoeffer-
Pl.
Markkl
Mitte
Damm-
str.
Mittel-
str.
M.- Mitte
agra
Park
W.- Rummelt- Str.
Hermann-
Landmann-
Str.
Alt-Oetzsch
Raths.
Am
Rathaus-
platz
Rosa-
Luxemburg-
Str.
Rob.-
Havemann-
Str.
Ring
Hohe
Friedrich-
Bibl.
Rathausstr.
Rat-
haus-
str.
Süd-
Schul-
str.
Festanger
str.
Möncherei-
Reitplatz
Gymn.
Mittelsch.
Städtelner Str.
Geschwister-
Scholl-
Str.
Karl-
Liebknecht-
Str.
Seb.-
Bach-
Str.
Fried-
hof
Bauvereinstr.
Kregel-
str.
Mark-
kleeberg
Gartenstr.
Haupt-
Wald-
str.
Kleingärten
Th.- Körner-
Pl.
Am
Volksgut
Gautzsch
Zwen-
kauer Str.
Städt-
elner-
Straße
Wasser-
turm
Ring
Otto-Rüdel-
Str.
Hohe
Str.
Auen-
str.
Eintracht
Bohlener
Str.
Wasser-
turmstr.
Am Poseidon
Straßen-
verkehrs-
amt
Klein-
gärten
7=Neusässer Str.
8=Brombeerweg
9=Enzianweg
10=Akeleiweg
11=Erikenweg
12=Edelweißweg
13=Geranienweg
Allee
Kaiserweg
Städtelner
Str.
Zentral-
sport-
platz
Gewerbe-
park
straße
Friedhof
Pleiße
Markkleeberg
Großstädteln
(zu Markkleeberg)
14 = Nelkenplatz
Sonnen-
Gla-
diolenw.
Goldlack-
weg
Blumenw.
Nar-
zissenw.
Primelw.
Lilien-
weg
Margeriten-
weg
K.-Kollwitz- Str.
Hermann-
Privat-
Bahnstr.
S1
S2
Am
Pleiß

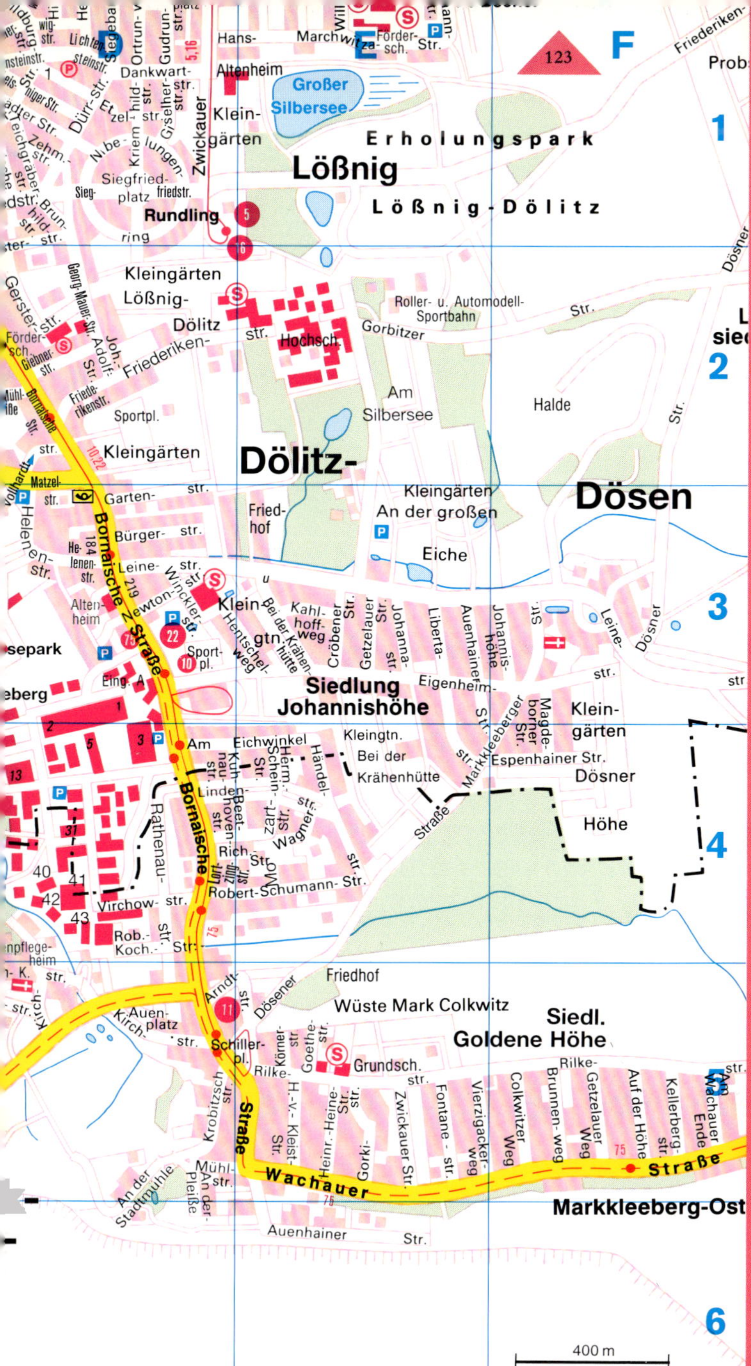
D
E
F
123
1
2
3
4
5
6
Großer Silbersee
Erholungspark
Lößnig
Lößnig-Dölitz
Altenheim
Kleingärten
Zwickauer
Rundling
Siegfriedplatz
Dankwartstr.
Marchwitza-Str.
Förder-sch.
Friederiken-
Probs
Dösner
Kleingärten Lößnig-Dölitz
Friederiken-str.
Hochsch.
Roller- u. Automodell-Sportbahn
Gorbitzer Str.
Am Silbersee
Halde
Sportpl.
Kleingärten
Dölitz-
Dösen
Kleingärten An der großen Eiche
Friedhof
Matzelstr.
Gartenstr.
Bürgerstr.
Leinestr.
Helenenstr.
Bornaische Straße
Altenheim
Newtonstr.
Wincklerstr.
Hentschelweg
Bei der Krähenhütte
Kahlhoffweg
Kleingtn.
Cröbener Str.
Getzelauer Str.
Johannastr.
Libertastr.
Auenhainer Str.
Johannishöhe
Leinestr.
Dösner Str.
Eigenheimstr.
Siedlung Johannishöhe
Sportpl.
Eing. A
Am Eichwinkel
Kleingtn. Bei der Krähenhütte
Händelstr.
Markkleeberger Str.
Magdeborner Str.
Espenhainer Str.
Kleingärten
Dösner Höhe
Lindenstr.
Beethovenstr.
Mozartstr.
Wagnerstr.
Rich.-Strauß-Str.
Robert-Schumann-Str.
Rathenaustr.
Virchowstr.
Rob.-Koch-Str.
Straße
Friedhof
Wüste Mark Colkwitz
Siedl. Goldene Höhe
Dösener
Arndtstr.
Auenplatz
Kirchstr.
Schillerpl.
Körnerstr.
Goethestr.
Grundsch.
Rilkestr.
Krobitzschstr.
H.-v.-Kleist-Str.
Heinr.-Heine-Str.
Gorki-str.
Zwickauer Str.
Fontane-str.
Vierzigackerweg
Colkwitzer Weg
Brunnenweg
Getzelauer Weg
Auf der Höhe
Kellerbergstr.
Am Wachauer Ende
Wachauer Straße
Markkleeberg-Ost
Mühlstr.
An der Pleiße
An der Stadtmühle
Auenhainer Str.
400 m

LEGENDE CITYATLAS

Autobahn mit Nummer
Motorway with number

Schnellstraße/Bundesstraße
Motor highway/Federal road

Hauptstraße
Mainroad

Übrige Straßen/Weg
Other roads/Footpath

Straßen in Bau/Planung
Roads under construction/projected

Fußgängerzone/Einbahnstraße
Pedestrian zone/One-way street

Eisenbahn mit Bahnhof
Railway with station

Güter- und Industriebahn
Freight and industrial railway

U-Bahn/Stadtbahn
Underground/Light Rail

Bus/Straßenbahn mit Endhaltestelle
Bus/Tramway with terminus

Fähre
Ferry

Wald/Park
Forest/Park

Friedhof, Weinberg
Cemetery, Vineyard

Tourist-Information
Tourist information centre

Krankenhaus/Schule
Hospital/School

Feuerwehr/Polizei
Fire station/Police station

Campingplatz/Jugendherberge
Camping site/Youth hostel

Post
Post office

Försterei
Forester's lodge

Einzelne Bäume
Isolated trees

Sendeanlage/Leuchtturm
Transmitting station/Lighthouse

Denkmal/Mühle/Windmühle
Monument/Mill/Windmill

Konsulat/Botschaft
Consulate/Embassy

Parkplatz/Parkhaus/Tiefgarage
Car park/Parking house/Underground car park

Hallenbad
Indoor swimming pool

500 m

Marco Polo Spaziergänge

1 Plagwitz auf dem Weg ins neue Jahrtausend

2 Vergnüglicher Passagen-Bummel durch die Innenstadt

Das Register enthält eine Auswahl der im Stadtatlas dargestellten Straßen und Plätze

In diesem Register finden Sie alle wichtigen Sehenswürdigkeiten, Ausflugsziele und Museen. Kursive Seitenzahlen verweisen auf ein Foto, halbfette auf den Haupteintrag

Museen

Was bekomme ich für mein Geld?

Verglichen mit anderen Großstädten stimmt das Preis-Leistungs-Verhältnis. Nicht dass Sie Städteurlaub zum Ost-Tarif machen könnten. Im Gegensatz zu den Löhnen sind die Kosten für Unterhalt und Unterhaltung längst auf Westniveau gestiegen. Aber das ungute Gefühl, als Tourist abgezockt zu werden, dürfte Sie in Leipzig (noch) nicht erwischen. Wenn Sie in einer der Szenekneipen essen, bekommen Sie für 10–20 Mark mitunter kleine Köstlichkeiten. In einem guten Restaurant sollten Sie für das Menü ab 30 Mark pro Person einplanen. Das 0,3-Bier gibt es für etwa 4 Mark, ein Glas Wein in der Klassifizierung Rot oder Weiß kostet in den Kneipen um 5 Mark, edle Tropfen im Restaurant natürlich mehr. In den Lokalen ist ein Trinkgeld von 10 Prozent vom Rechnungsbetrag angebracht, bei Taxifahrten sollten Sie »krumme« Beträge aufrunden.

Für eine Opern- oder Konzertkarte sind rund 50 Mark angemessen. Kabarett ist in Leipzig eine gesellschaftliche Veranstaltung – und für die müssen Sie 20–30 Mark ausgeben. Im Schauspiel sitzt man für 20 Mark ganz gut, Studenten bekommen für 10 Mark in so ziemlich jeder Spielstätte einen Platz. Schauen Sie genau in den Spielplan: Für Premieren wird überall ein deftiger Aufschlag verlangt. Kultur zu Mini-Preisen bieten dagegen die Leipziger Museen: Hier zahlen Sie zwischen 3 und 5 Mark Eintritt, Sonderausstellungen müssen extra bezahlt werden.

Durch die Stadt bewegen Sie sich am besten per Straßenbahn und Bus: günstig ist die Leipzig Card für rund 20 Mark. Einzelfahrten kosten 2,70 Mark, die Kurzstrecke zu 1,70 Mark bringt Sie immerhin schon vier Haltestellen weiter.

Mit Kreditkarten kommen Sie in vielen Hotels, guten Restaurants, an Tankstellen oder bei Mietwagenfirmen gut klar. Zum Shoppen reicht meist die ec-Karte. Wer einen Bargeldchip auf der Karte hat, kann damit an vielen Automaten die Straßenbahnkarte oder die Parkgebühr zahlen.